Das geheimnisvolle Leben der Tiere an den Meeresküsten

CIP-Kurztitelaufnahme der Deutschen Bibliothek
Roux, Charles:
Das geheimnisvolle Leben der Tiere an den Meeresküsten
Text: Charles Roux. Zeichn.: Carl Brenders.
Dt. Bearb.: O. von Frisch. [Übers.: Sabine Dieskau]. –
Esslingen: Schreiber;
Wien: Österreichischer Bundesverlag.
Einheitssacht.: La vie secrète des bêtes,
les bords de mer <dt.>
ISBN 3-480-13197-2 (Schreiber)
ISBN 3-215-04926-0 (ÖBV) Pp.

NE: Brenders, Carl:; Frisch, Otto von [Bearb.]

Autor und Titel der französischen Ausgabe:
Charles Roux, La vie secrète des bêtes. Les bords de Mer
Übersetzung: Sabine Dieskau
Umschlagentwurf: Creativ + Druck GmbH (Ulrich Kolb)

Satzherstellung: A–Z Fotosatz W. Grage, Filderstadt

Das geheimnisvolle Leben der Tiere an den Meeresküsten

Text: Charles Roux
Deutsche Bearbeitung: Dr. Otto von Frisch
Zeichnungen: Carl Brenders

Verlag J. F. Schreiber Esslingen
Österreichischer Bundesverlag Wien

An der Grenze zwischen

Die Wassermassen der Meere und Ozeane bedecken 361 Millionen Quadratkilometer der Erde. Das ist eine Fläche, die 71 Prozent der Erdoberfläche entspricht. Die Wasser im Küstenbereich an den Grenzen der Kontinente, d.h. die flacher oder steiler abfallende Uferregion bis in eine Tiefe von 200 m, machen ein Zehntel der gesamten Wasseroberfläche aus. Dort allerdings leben 99% der bekannten Meerestierarten. Der Küstenbereich ist der Ort, an dem drei Lebensräume aufeinandertreffen und zusammenspielen: Land, Meer und Luft. Durch Flut und Ebbe, durch Wellenschlag und Abspülung, ist er einem ständigen Wandel ausgesetzt. Jeder Lebensraum birgt eine typische, besonders reiche und verschiedenartige Tier- und Pflanzenwelt. Der oberste Küstenbereich wird nur zu Zeiten besonderer Hochfluten und Stürme überschwemmt. Man findet dort Pflanzen, die dem Wind, dem Salz und der Austrocknung gewachsen sind. Die Felsen sind mit Flechten bedeckt, und die Tiere, die dort leben, können sich lange Zeit außerhalb des Wassers aufhalten. Dort findet man Weichtiere wie Uferschnecken ebenso wie Winkerkrabben.

zwei Welten

Ein bißchen weiter unten finden wir das wichtigste Gebiet, das durch die Gezeiten beeinflußt wird. Während der Ebbe erleben die dort lebenden Arten den Übergang vom Lebensraum Wasser zum Lebensraum Luft. Die Unterschiede in Temperatur, Feuchtigkeit und Salzgehalt sind beträchtlich. Die Pflanzen und Tiere dieser Region müssen der starken Brandung standhalten können. Ständig schlagen die Wellen an die Felsen oder brechen sich am Strand. Die Schüsselschnecken und die Seepocken, die beide fest auf den Felsen verankert sind, halten der Wucht der Wellen ohne weiteres stand. Die Schüsselschnekken sind fest mit ihrer Unterlage verbunden und können ihren Halt, wenn nötig, noch verstärken, indem sie ihren Fuß wie einen Saugnapf einsetzen. Eine Seerosenart, die Erdbeerrose, zieht ihre Fangarme ein, wenn sie im Wasser eine ungewöhnliche Bewegung spürt. Die Seepferdchen klammern sich mit ihrem Greifschwanz an die Algen; Fische wie die Schleimfische drücken sich in Felshöhlungen. Andere Tiere wiederum flüchten lieber direkt in die Ablagerungen auf dem Meeresgrund. Schnecken und Muscheln verankern sich in den Felsen oder im Sand. Herzmuscheln und Messermuscheln lassen überhaupt nur ihre Atemöffnung über den Sand des Meeresgrundes hinausragen. Der Bernhardskrebs, ein Einsiedlerkrebs, vergräbt sich trotz seiner geborgten Schale wie die Garneelen und die Seeigel; einige Fische wie die Petermännchen tarnen sich auf die gleiche Weise. Der untere Bereich ist noch lichtdurchflutet, aber immer unter Wasser. Dort leben reine Wassertiere. Algen gedeihen dort sehr gut; Meerschnecken errichten dort ihre Kalkgebäude, und in warmen Gewässern findet man in diesem Bereich die Korallenformationen der Riffkorallen. Im Mittelmeer und im Ärmelkanal bilden Wasserpflanzen wie das Gemeine Seegras oder die Grasarten der Gattung Posidonia richtige Unterwasserrasen. Diese werden von mehreren Fischen bewohnt: die Meerjunker und Lippfische zum Beispiel erregen die Aufmerksamkeit wegen ihrer wunderschönen Färbung.

In noch größerer Tiefe erstreckt sich ein Bereich, in dem es nur Algen gibt, die kaum lichtbedürftig sind. Auch in dieser Zone leben Weichtiere und zahlreiche Fische.

Seehunde und Seelöwen

Wenn sich Seehunde und Seelöwen am Strand aufhalten, wirken sie gedrungen und schwerfällig. Nur mühsam können sie ihren massigen Körper mit den zu Flossen umgewandelten Vorder- und Hinterbeinen stützen und fortbewegen. So sind diese Tiere auch nur an Land zu sehen, wenn sie sich ausruhen wollen oder wenn sie ihre Jungen zur Welt bringen.
Im Wasser, ihrem bevorzugten Lebensraum, ist nichts mehr von einer Schwerfälligkeit zu merken. Der torpedoförmige Körper gleitet mit Leichtigkeit durch das Wasser, vorangetrieben durch das vordere Flossenpaar. Seehunde und Robben sind hervorragend an das Leben im Wasser angepaßt. Das dichte kurze Haarkleid bietet keinen Widerstand, die Wirbelsäule ist äußerst elastisch und erlaubt den Tieren Wendungen auf engstem Raum, was für die Jagd auf Fische und andere Meerestiere wichtig ist. Beim Tauchen nehmen diese Meeressäuger nur wenig Luft in ihren Lungen mit, um den Auftrieb zu verringern. Trotzdem erreichen sie beachtliche Tiefen und können mehrere Minuten unter Wasser bleiben. Bei Grönland verfing sich ein Seehund in einem Fischnetz, das in einer Tiefe von 180 m ausgelegt war.
Viele Robben unternehmen weite Wanderungen, um in fischreiche Meeresgebiete oder zu ihren Fortpflanzungsplätzen zu gelangen. So überwintern zum Beispiel die Männchen der Kalifornischen Ohrenrobbe im Golf von Alaska, die Weibchen jedoch vor den Küsten Kaliforniens, viel weiter südlich. Fortpflanzungsgebiet sind die Pribylow-Inseln vor Alaska. Dorthin schwimmen zuerst die Männchen und besetzen ihre Territorien. Die Weibchen müssen über 5000 Kilometer zurücklegen, bevor sie die Inseln erreicht haben.
Viele Robbenarten sind heute bedroht. Einigen stellt der Mensch besonders um ihres Felles wegen nach. Aber Seehunde und Robben haben auch natürliche Feinde, Haie etwa, Schwertwale und Eisbären.
Im Zirkus kann man Seelöwen als sehr geschickte Balancierkünstler kennenlernen. Woher sie diese Fähigkeit haben und wie sie sie in ihrem natürlichen Lebensraum nutzen, ist völlig unbekannt.

Gemeiner Seehund. Länge: 1,3–1,9 m, Gewicht: 100–280 kg, Lebenszeit: 18 Jahre in Gefangenschaft.
Kalifornische Ohrenrobbe. Länge: 1,7–2,35 m, Gewicht: 90–300 kg, Lebenszeit: geschätzt auf 15–20 Jahre.

Wenn sich mehrere Krabben an einem Beutetier zu schaffen machen, versuchen sie sich gegenseitig zu vertreiben. Sie kämpfen hart und bedrohen einander, indem sie ihre Scheren öffnen. Diese Haltung genügt normalerweise, um den Mitstreitern die eigene Angriffslust zu verdeutlichen. Manchmal kommt es jedoch auch zu einem wirklichen Kampf. Wenn die Schere einer Krabbe sich in der des Gegners verfangen hat und nicht befreit werden kann, bricht sie häufig ab. Die Schere oder auch ein anderes verlorenes Glied wachsen aber nach.

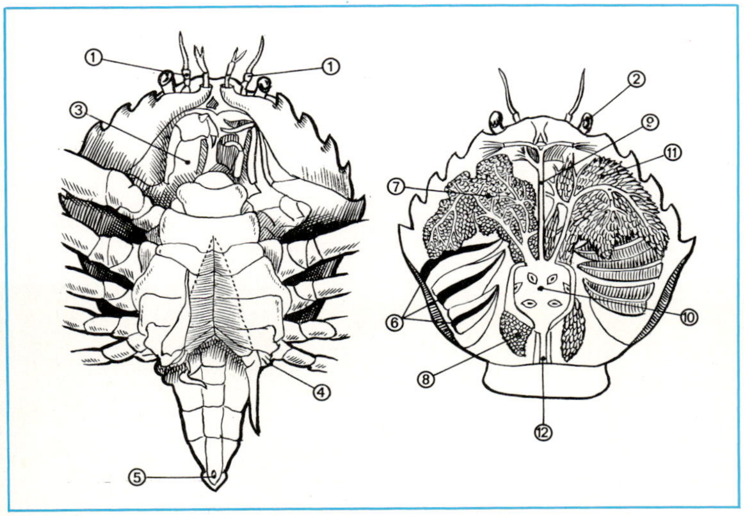

Links: Eine männliche Krabbe von unten gesehen. Rechts: Schnitt des Kopfbruststückes einer weiblichen Krabbe. 1: Antennen. 2: Auge. 3: Kiefer. 4: Penis. 5: Anus. 6: Kiemen. 7: Vorderer Lappen des Eierstockes. 8: Hinterer Lappen des Eierstockes. 9: Kopfarterie. 10: Herz. 11: Bauchspeicheldrüse. 12: Obere Arterie des Hinterleibes.

Diese weibliche Strandkrabbe trägt unter ihrem umgeklappten Schwanz die befruchteten Eier, aus denen später die Larven schlüpfen. Dadurch, daß das Weibchen die Eier bei sich hat, sind diese vor Feinden besser geschützt.

Bei den schwimmenden Krebstieren ist das hinterste Gliedmaßenpaar zu Paddeln abgeflacht. Bei der Wollkrabbe ist dies deutlich zu sehen. Sie hält sich oft in felsigen Gebieten auf, die bei Ebbe nicht überflutet sind. Ihr Panzer, der 7 cm breit werden kann, ist mit kurzen starken braunen Haaren bewachsen. Diese kleine Krabbe ist sehr angriffslustig und sehr beweglich.

Die Seespinne und die Rennkrabben

Die Seespinne hat einen mehr oder weniger dreieckigen Panzer, der nach vorne hin in einer oder zwei Spitzen endet. Die langen Beine haben dieser Krabbe den Namen gegeben. Ihre Scheren sind schlank und kaum stärker als die Gliedmaßen, die zur Fortbewegung dienen. Diese Krabbe ist nicht besonders flink, sie bewegt sich langsam und sehr vorsichtig fort. Seespinnen leben bevorzugt an felsigen Küsten, die dicht mit Tang oder roten und grünen Algen bewachsen sind. Ihr Panzer ist stachelig und mit Haaren versehen, die bis zu den Scheren reichen können. Dazwischen bildet sich ein dichter Teppich von Algen, durch den das Tier in seiner Umgebung gut getarnt ist.
Nicht alle Krabben sind reine Meerestiere. Es gibt Süßwasserkrabben und andere Arten, die sich dem Landleben an den Küsten warmer Meere angepaßt haben. Sie graben einen Bau in Ufernähe, der sie vor Austrocknung und Feinden schützt. Bei der geringsten Beunruhigung verschwinden die Krabben in der Höhle. So leben auch die Winkerkrabben, deren Männchen eine normalgroße und eine stark vergrößerte Schere haben. Vor dem Eingang zu ihrem Bau sitzend, bewegen die Männchen diese auffallende Schere wie winkend hin und her und signalisieren damit den Weibchen, wo sie zu finden sind. Andere Krabbenarten graben einen spiralförmigen Bau mit auffallenden Sandhäufchen vor dem Eingang, die auch der Anlockung der Weibchen dienen. Und wieder andere, die sogenannten Rennkrabben, können mit unglaublicher Schnelligkeit über den Sandstrand flitzen und dabei eine Geschwindigkeit von 1,5 Meter in der Sekunde erreichen. Von allen Krabbenarten hat die Japanische Riesenkrabbe die größten Ausmaße. Die Scherenbeine dieser Tiere können über 1,50 m lang werden. Die Riesenkrabben leben in einer Tiefe von 50–300 m in den Meeren um die japanische Inselwelt.

Seespinne. Länge: 20 cm ohne Füße.
Winkerkrabbe. Breite: 5 cm ohne Füße.
Rennkrabbe. Breite: 7 cm ohne Füße.

Diese Seespinne tarnt sich gerne mit allerlei Dingen aus ihrer Umgebung. Hat sie erst einmal ein Revier gefunden, dann nimmt sie sich mit der Schere Wasserpflanzen, Muschelschalen oder Algen und verteilt sie auf ihrem Rückenpanzer. Dort werden sie von spitzen Chitinfortsätzen und Härchen, die Haken- oder Keulenform haben, festgehalten. Schließlich unterscheidet sich die Krabbe nicht mehr von dem Ort, an dem sie sitzt. Eine Seespinne, die man aus ihrem Revier in ein anderes bringt, wird ihre Tarnung sehr schnell verändern und sich völlig der neuen Umgebung anpassen.

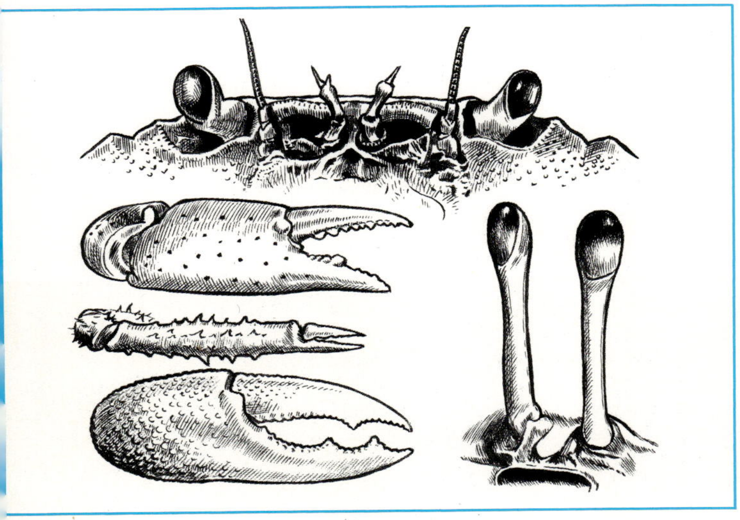

Die Augen der Krebstiere liegen in Augenhöhlen am Rande des Panzers. Sie sitzen am Ende eines beweglichen Stiels, der je nach Art länger oder kürzer ist. Zwischen den Augen sieht man die Antennen oder Fühler. Die Scheren sind sehr unterschiedlich in Form und Größe.

Die Krabben haben Larven, die eine Reihe von Verwandlungen durchlaufen. Beim Schlüpfen sind die Larven fast durchsichtig. Die Garneelenlarven (links) behalten ihren länglichen Hinterleib; die Krabben dagegen haben einen im Verhältnis zum »Kopf« oder Kopfbruststück kurzen Hinterleib, wie man bei dieser Larve mit dem übergroßen Kopf sehen kann (rechts).

Die Winkerkrabbe findet man an der Atlantikküste im südlichen Spanien. Es gibt auch viele Arten in tropischen Gebieten. Da sie am Tage aktiv sind, kann man sie häufig beobachten. Oft ist ein langer Strandabschnitt mit winkenden Krabben besetzt.

Jedes Tier hält sich in der Nähe seines Baues auf, so daß es bei Gefahr sofort darin verschwinden kann. Die Paarung findet meist im Innern des Baues der Männchen statt.

Giftige Fische

Bestimmte Fische, die sich am Boden flacher Gewässer aufhalten, haben Verteidigungswaffen, die sehr gut an den Lebensraum angepaßt sind. Die Fische sind mit starken giftigen Stacheln ausgerüstet und hervorragend getarnt. Fische mit Giftdrüsen und Stacheln zum Einspritzen des Giftes sind allerdings nicht sehr häufig. Aber unter ihnen gibt es einige, wie die »Steinfische« des Indischen Ozeans, die sehr gefährlich werden können. Ihre Giftwirkung kann durchaus zum Tod eines Menschen führen. An den europäischen Küsten leben fünf Arten von giftigen Fischen. Die beiden wichtigsten sind das Kleine und das Große Petermännchen. Das Kleine Petermännchen lebt im seichten Wasser der Küste. Seine Giftdrüsen liegen am Fuß der spitzen Stacheln der ersten Rückenflosse und an einem Stachel auf den Kiemendeckeln. Die Kleinen Petermännchen bevorzugen sandigen Boden, wo sie sich mit Hilfe wellenartiger Bewegungen der Schwanzflosse schnell eingraben und auf die Lauer legen. Sie ernähren sich von kleinen Krebstieren, besonders Krabben. Wenn eine Krabbe in Reichweite des Fisches gerät, dann schnellt dieser, bisher gut getarnt, aus seinem Versteck hervor, greift sich die Beute und verschwindet wieder im Sand.

Giftige Rochen. Einige giftige Rochen stellen auch eine gewisse Gefahr für den Menschen dar. Die Stacheln dieser Fische haben Rinnen oder Furchen, durch die das Gift in die Wunde fließen kann. Vorsicht ist vor allem bei den Stachelrochen geboten, wie zum Beispiel dem Stechrochen. Sein mit Widerhaken versehener Stachel auf der Oberseite des Schwanzes besitzt Giftdrüsen. Wenn der Rochen seinen Stachel aus einer Wunde zurückzieht, zerreißen die Widerhaken die Haut des Verletzten und verschlimmern somit die Wunde noch, was den Heilungsprozeß verlängert. Die Stachelrochen gibt es in allen Meeren, sogar im Süßwasser der tropischen Gebiete Südamerikas. Im wesentlichen ernährt sich der Stechrochen von Fischen, Krebstieren und Weichtieren. Manchmal verursacht er in Austernkulturen beträchtliche Schäden.

Kleines Petermännchen. Länge: 14,5 cm, Gewicht: 30 g. Lebenszeit: unbekannt.
Großes Petermännchen. Länge: 22,5 cm, Gewicht: 80 g. Lebenszeit: unbekannt.
Stechrochen. Länge: 1,5 m, Gewicht: ca. 10 kg. Lebenszeit: mehr als 21 Jahre.

Ein Petermännchen vergräbt sich im Sand. Man sieht nur den oberen Teil des Kopfes und einen Teil des Rückens mit den gefährlichen Stacheln der ersten Rückenflosse. Wenn ein Badegast bei Ebbe im Watt oder an einem sandigen Strand barfuß spazierengeht, kann er auf ein Petermännchen treten. Die Verletzung ist sehr schmerzhaft und ruft Entzündungen hervor. Sie ist immer ernst zu nehmen.

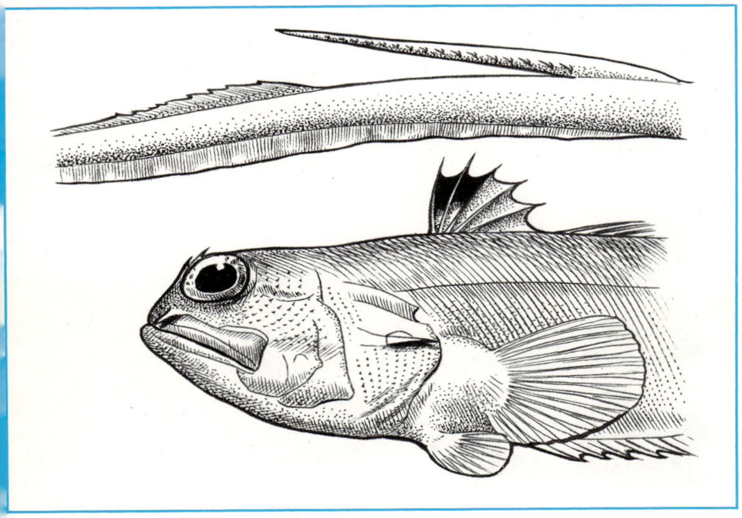

Die Stacheln der Stachelrochen wie auch die der Stechrochen (oben) haben Widerhaken und sind an ihrer Wurzel mit Giftdrüsen versehen. Bei den Petermännchen (unten) sind die Stacheln auf den Kiemendeckeln und die der ersten Rückenflosse giftig.

In der Regel lebt das Kleine Petermännchen in seichten Gewässern. Die Augen oben am Kopf schauen auch dann noch aus dem Sand heraus, wenn sich der Fisch selbst gänzlich eingegraben hat.

Die Stachelrochen wie auch die Stechrochen haben einen langen, spitz zulaufenden Schwanz. Meistens leben sie verborgen auf dem Meeresgrund. In manchen Gegenden treten sie sehr zahlreich auf, bleiben aber fast unbemerkt, da sie sich im Schlamm oder Sand tarnen. Tritt man mit nackten Füßen auf einen verborgenen Rochen, hebt er seinen Schwanz und schlägt mit seinem Stachel zu. Die Wunden sind meist tief und haben einen langwierigen Heilungsprozeß.

Silbermöwen und Lachmöwen

Sobald ein Fischerboot auf See anfängt, seine Netze einzuholen, versammeln sich binnen kurzer Zeit zahlreiche Silbermöwen um das Schiff, um es bis zum Hafen zu begleiten. Möwen sind gesellige Vögel, die sich schon von weitem durch ihre schrillen und lauten Rufe bemerkbar machen. Es sind ausdauernde Flieger, die auch gut segeln können und dann ohne Flügelschlag, nur von der Luftströmung über dem Meer getragen, dahingleiten. Plötzlich, wenn sie etwas Fressbares an der Wasseroberfläche entdeckt haben, lassen sie sich fallen und schnappen den Futterbrocken mit dem Schnabel auf. Silbermöwen ernähren sich von Fischen, Muscheln, Schnecken, von Aas und menschlichen Abfällen, aber rauben auch Eier und Junge anderer Vögel. Größere Muscheln, die sie mit dem Schnabel nicht öffnen können, tragen sie hoch in die Luft, lassen sie auf Felsen fallen und verzehren dann den durch die splitternden Schalen freigelegten Inhalt.

In den letzten Jahren haben sich die Silbermöwen stark vermehrt. Auf den zahlreichen Müllkippen der Großstädte finden sie reichlich Nahrung und können damit auch Notzeiten überwinden, durch die es früher zu Verlusten unter den Vögeln kam.

Wesentlich kleiner als die Silbermöwe ist die Lachmöwe, die auch auf Seen und Teichen im Binnenland brütet. In kleineren oder größeren Kolonien baut sie ihre Nester auf Pflanzenbüscheln und kleinen Inseln im seichten Wasser. Sobald ein Feind auftaucht, ein Greifvogel, ein Fuchs oder ein Hund, fliegen alle Möwen auf und greifen ihn gemeinsam an. Allein schon das laute Geschrei der vielen Vögel kann den Feind zum Rückzug bewegen. Die gelblichen, braungefleckten Dunenjungen bleiben nach dem Schlüpfen zunächst noch im Nest und werden von den Altvögeln mit Futter versorgt. Nur bei Gefahr versuchen sie im Wasser und bei den dort wachsenden Pflanzen Schutz zu finden.

Zur Brutzeit haben die Lachmöwen einen braunen Kopf und dunkelrote Schnäbel und Beine. Im Winterkleid ist der Kopf weiß wie der übrige Körper, bis auf einen kleinen brauen Wangenfleck. Im Frühjahr und Herbst folgen die Lachmöwen gerne den pflügenden Landwirten, um die an die Oberfläche kommenden Regenwürmer, Engerlinge oder Mäuse zu fangen und zu fressen. Aber auch sie finden wie die Silbermöwen auf den Müllkippen zusätzliches Futter.

Silbermöwe. Länge: 56–61 cm, Spannweite: 1,32 m. Gewicht: 800 g – 1,3 kg, Lebenszeit: etwa 31 Jahre.
Lachmöwe. Länge: 40 cm, Spannweite: 92 cm. Gewicht: 200–300 g, Lebenszeit: etwa 32 Jahre.

Die Silbermöwen zeigen im Frühjahr, zur Zeit der Paarung, besondere Verhaltensweisen. In der Kolonie suchen die Vögel zunächst ein für den Nestbau geeignetes Gebiet, eine Sanddüne zum Beispiel, eine kleinere Insel oder auch eine felsige Kuppe an der Küste. Die Männchen werben mit hellen durchdringenden Rufen um die Weibchen. Einander gegenüberstehend nicken sich die Vögel zu. Sie nehmen Gras und Halme mit dem Schnabel auf und zeigen es sich gegenseitig. Dieses Verhalten bedeutet, daß nun ein Nest gebaut werden soll.

Im Sommergefieder (oben) trägt die Lachmöwe eine Maske aus braunen Federn. Im Winter ist der Kopf weiß; Füße und Schnabel sind rot. Der Kopf der Silbermöwe (unten) ist weiß, die Jungen sind am ganzen Körper grau gesprenkelt. Der starke gelbe, leicht gebogene Schnabel hat an der Unterseite einen roten Fleck. Die Füße sind mit Schwimmhäuten versehen.

Die Lachmöwe baut ihr Nest am Rande küstennaher Sümpfe oder an Süßwasserteichen. Die Küken (links) sind nach fünf bis sechs Wochen flügge. Die Silbermöwen brüten am Boden auf einem Nest aus Pflanzenstücken. Die Jungen (rechts) bleiben zunächst in der Nestmulde und schreien ständig nach Nahrung, die die Eltern herbeischaffen müssen.

Die Lachmöwen fliegen häufig in Gruppen auf Nahrungssuche. Sie sind keineswegs wählerisch und verschlingen lebende Beutetiere genauso wie alle Arten von Abfällen. Oft gibt es Auseinandersetzungen, wenn sie sich unter heftigen Schreien ein gutes Beutestück streitig machen.

Die Fluß-Seeschwalbe und die Raubmöwe

Der längliche, schmale Körper der Seeschwalbe, die auf den ersten Blick einer Möwe ähnelt, endet in einem gegabelten Schwanz. Dieses Merkmal hat dem Vogel den Namen. Seeschwalbe eingebracht. Er fliegt mit kurzen, regelmäßigen Flügelschlägen. Die meisten Arten der Seeschwalben haben einen grauen Rücken und auch auf den Oberseiten der Flügel graues Gefieder, der Rest des Körpers ist weiß bis auf den Kopf, der teilweise schwarz gefärbt ist. Wenn die Seeschwalbe ein Beutetier erspäht, das an der Wasseroberfläche schwimmt, stürzt sie sich senkrecht herunter, den Kopf voraus, stößt ins Wasser, taucht schnell wieder auf und hält das Beutetier im Schnabel. Eine der bekanntesten Seeschwalben ist die Fluß-Seeschwalbe, die auf der ganzen nördlichen Halbkugel anzutreffen ist. Einige Seeschwalben sind große Zugvögel. So zum Beispiel die arktischen Seeschwalben, die sich am Kap Cod in Nordamerika vermehren und dann zum Überwintern nach Südafrika, sogar bis nach Madagaskar fliegen, wobei sie die westlichen Küsten Europas und Afrikas streifen. Eine Seeschwalbe brauchte nur 90 Tage für eine Reise von 14 000 km, das bedeutet, sie legte am Tag durchschnittlich etwas mehr als 155 km zurück. Im Gegensatz zur Seeschwalbe ist die Raubmöwe ein eher gedrungen wirkender Vogel mit breiten Flügeln. Die Raubmöwe ist im allgemeinen braun gefärbt, mit einem hellen Fleck auf den Handschwingen. Die Große Raubmöwe zeigt im Flug eine plumpe Gestalt. Wenn es aber darum geht, einen anderen Vogel anzugreifen, beweist sie plötzlich eine ungeheure Beweglichkeit und Schnelligkeit. Außerhalb der Brutzeit halten sich die Großen Raubmöwen über dem Meer auf. Die Raubmöwen bauen ihre Nester in kleinen Vertiefungen, die kaum ausgepolstert und lediglich von Pflanzenresten umgeben sind. Die Nester werden immer in einer sehr übersichtlichen Gegend gebaut, von der aus der Vogel einen freien Ausblick hat. Das Gelege umfaßt zwei Eier von grünlicher, grüngelber oder gelblicher Farbe mit dunklen Flecken. Das Männchen und das Weibchen brüten abwechselnd. Nach dem Schlüpfen werden die Jungen noch sechs bis acht Wochen von den Eltern ernährt, ehe sie flügge werden.

Große Raubmöwe. Länge: 60 cm, Spannweite: 1,5 m, Gewicht: 1,5 kg, Lebenszeit: etwa 12 Jahre.
Fluß-Seeschwalbe. Länge: 32–38 cm, Spannweite: 79 cm, Gewicht: 100–175 g, Lebenszeit: 25 Jahre.

Eine Raubmöwe ärgert eine Seeschwalbe, die gerade einen Fisch gefangen hat. Sie verfolgt und bedroht sie so lange, bis die Seeschwalbe ihre Beute fallen läßt. Sofort schnappt sich die Raubmöwe mit ihrem dicken, gebogenen, schwarzen Schnabel das Beutetier. Die Raubmöwe nimmt auch auf dem Wasser schwimmende Abfälle und an den Küsten Reste toter Tiere zu sich. An Nistplätzen vergreift sie sich gern an den Eiern oder Küken anderer Meeresvögel. In Adélieland fangen die Raubmöwen auch gerne junge Pinguine.

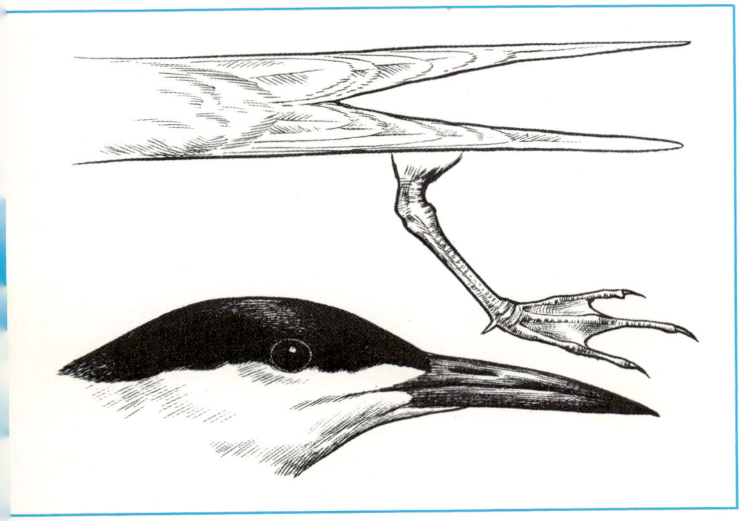

Die Seeschwalbe hat einen gegabelten Schwanz. Die Füße, je nach Art rot, gelb oder schwarz, haben stark zurückgebildete Schwimmhäute, die kaum zum Schwimmen taugen. So bleibt die Seeschwalbe auch nur sehr kurze Zeit auf der Wasseroberfläche. Die Kopfoberseite trägt schwarze Federn. Der Schnabel ist gerade und läuft spitz zu.

Die Fluß-Seeschwalbe legt zwei oder drei Eier in eine Art Mulde, die sie im Sand ausscharrt. Die Küken, links, sind grau mit dunklen Flecken, sie verlassen das Nest sehr schnell, verweilen aber in der näheren Umgebung. Die Große Raubmöwe legt zwei Eier, die Jungen schlüpfen nach etwa vier Wochen, aber manchmal wird nur eines der Küken aufgezogen (rechts).

Die Große Raubmöwe ist ein Vogel, der sowohl in der Arktis als auch in der Antarktis vorkommt. Zum Überwintern sucht er wärmere Gebiete der Ozeane auf. In der Färbung gibt es zwischen den beiden Geschlechtern überhaupt keinen Unterschied. Aber man findet unabhängig vom Geschlecht unterschiedlich gefärbtes Gefieder. So kommt die Raubmöwe in einer hellen wie auch in einer dunklen Phase vor.

Der Baßtölpel

Baßtölpel gehören zu den geschicktesten und ausdauerndsten Segelfliegern über dem Meer. Ihre langen schmalen Flügel sind das Vorbild der modernen Segelflugzeuge. Ohne die Schwingen zu schlagen, nützen sie die Windströmung über den Wellen, um sich in die Höhe zu schrauben und dann wieder abwärts zu gleiten. Außerhalb der Brutzeit verbringen sie ihr Leben auf dem offenen Meer. Fische sind die Hauptnahrung der Tölpel. Sie werden im Sturzflug erbeutet, wobei sich die Vögel mit weit nach hinten gestreckten Flügeln wie Geschosse ins Wasser stürzen. Meist jagen die Baßtölpel gemeinsam und suchen vor allem nach Fischschwärmen, die dicht unter der Oberfläche dahinziehen. Wenn sie satt geworden sind, ruhen sie sich schwimmend auf dem Wasser aus. Ihre Schwimmhäute, die alle vier Zehen verbinden, sind gute Paddel und können bei manchen Tölpelarten blau oder leuchtend rot gefärbt sein. Tölpel kommen sowohl in nördlichen Bereichen als auch in den Tropen vor und brüten hier auch. Eine bekannte Kolonie, auf der sich die Tölpel in großer Zahl zur Brutzeit einfinden, befindet sich auf der Felseninsel Bass-Rock vor der schottischen Küste. Andere Kolonien sind zum Beispiel von den Galapagos-Inseln direkt unter dem Äquator etwa tausend Kilometer westlich von Equador in Südamerika bekannt. In solchen Kolonien liegen die Nester oft dicht an dicht am Boden auf oder zwischen den Felsen. Das Nest ist sehr einfach aus Pflanzenmaterial gebaut: eine kleine Erhöhung mit einer flachen Mulde, in der das einzelne Ei liegt. Wenn das Junge schlüpft, ist es zunächst mit weißen Dunenfedern bedeckt. Von der hübschen pastellbraunen Farbe des Kopfes, wie sie die Altvögel zeigen, ist noch nichts zu sehen. Auch die flugfähigen Jungen sind noch nicht wie die Eltern gefärbt. Sie sind dunkelgrau mit weißen Tupfen auf dem Gefieder und dadurch leicht von den Altvögeln zu unterscheiden. Diese fliegen immer wieder auf das Meer hinaus, um zu fischen und den Nachwuchs mit Nahrung zu versorgen. Einige Kolonien der Tölpel sind durch den Menschen bedroht, wenn ihnen die Zivilisation zu nahe rückt. So brüteten an einem bestimmten Platz im Sankt-Lorenz-Strom in Kanada früher rund 150 000 Paare, während die Vögel heute dort praktisch ausgerottet worden sind.

Wie alt Baßtölpel werden können, ist noch nicht genau bekannt. Sicherlich erreichen sie aber ein Alter von sechzehn Jahren.

Länge: 90 cm, Spannweite: 1,7 m, Gewicht: 3–3,5 kg.

Der Baßtölpel wirkt im Flug sehr elegant durch die schmalen Schwingen. Beim Stoßtauchen, die Flügel halb zurückgeschlagen, stößt er buchstäblich auf die Wasseroberfläche herunter. Dann klappt er die Flügel ganz nach hinten und dringt wie ein Pfeil ins Wasser ein, wo er noch ein Stück schwimmen kann, um einen Fisch zu verfolgen. Der Vogel schnappt den Fisch und hält ihn ohne große Mühe mit dem Schnabel fest. Der Schnabel hat nämlich an den Rändern kleine Zähnchen, die das Beutetier daran hindern, sich zu befreien. Der kräftige Schnabel mildert auch den Aufprall auf die Wasseroberfläche, und das dichte Gefieder dämpft ihn weiter ab.

Der Kopf des Baßtölpels ist bräunlich; der Schnabel lang, spitz und graublau mit schwarzer Umrandung. Die schwarzen oder dunklen Füße haben eine breite Schwimmhaut, die sich über vier Zehen erstreckt. Der Schwanz besteht aus zehn großen weißen Federn, wie auch der Rest des Körpers bis auf die Flügelenden weiß ist.

Das Weibchen des Baßtölpels legt nur ein einziges Ei mit einer sehr widerstandsfähigen Schale; der Jungvogel schlüpft nach etwa 40 Tagen. Das Küken hat zunächst einen braunen, dann einen weißen Flaum. Der Jungvogel wird 11 Wochen lang Tag und Nacht ernährt und wiegt bald mehr als ein ausgewachsener Vogel.

Wenn die ersten Federn gewachsen sind, beginnt der junge Baßtölpel zu fliegen. Sein Gefieder ist dann noch grau mit weißen Flecken auf dem Rücken. Der Bauch ist weiß. Erst im Alter von vier Jahren bekommt der Jungvogel das weiße Gefieder des ausgewachsenen Vogels.

Der Papageitaucher

Auf den sogenannten Vogelfelsen brüten neben Baßtölpeln und verschiedenen Möwenarten auch eine Reihe von Vögeln aus der Familie der Alken. Unter diesen durch ihre aufrechte Haltung etwas an Pinguine erinnernden Gestalten fällt eine Art besonders auf: der Papageitaucher. Auch er hält sich an Land aufrecht, die Beine setzen weit rückwärts am Körper an. Sein Rücken ist dunkel gefärbt, die Unterseite weiß, und ein großer weißer Wangenfleck ziert die beiden Kopfseiten. Auffallender als die ganze Gestalt ist jedoch der hohe abgeflachte Schnabel mit blauen, gelben und roten Farbtönen. Die Papageitaucher bauen keine Nester auf den Felsen oder Felsvorsprüngen wie die anderen Arten, sondern sie graben Erdbaue, die sie mit ihren Füßen ausschachten. Am Ende der Röhre ist die Nestmulde mit dem einzelnen Ei, das jedes Weibchen innerhalb einer Brutzeit ablegt. Auch Papageitaucher sind gesellig lebende Vögel, unter denen aber doch jedes Paar sein eigenes, wenn auch kleines Brutrevier beansprucht und gegen Artgenossen verteidigt. Große Brutkolonien gibt es in Norwegen, auf den Britischen Inseln oder auf den Sept-Inseln vor der bretonischen Küste von Frankreich.

Ihre Nahrung holen sich die Papageitaucher aus dem Meer. Als gute Schwimmer und Taucher jagen sie besonders die kleinen, etwa fingerlangen Sandaale, von denen sie gleich mehrere nacheinander aufgereiht im Schnabel tragen können. Bis zu zwölf Fischchen bringen die Altvögel in dieser Weise zu ihrem Jungen. Die Flügel der Papageitaucher wie auch die der anderen Alkenvögel sind verhältnismäßig klein. Beim Abflug von den hohen Felswänden stürzen sich die Vögel erst in die Tiefe, bevor sie zum waagrechten Flug übergehen. Beim Landen haben sie oft erhebliche Schwierigkeiten, vor allem, wenn starker Wind weht oder die Landung an einer bestimmten Stelle erfolgen muß. Bei ihren Ausflügen auf das Meer werden die Papageitaucher und die verwandten Arten immer wieder von der Ölpest bedroht, wenn ein Tankschiff in der Nähe gestrandet ist und seine Ölladung ausläuft. Die Vögel können ihr veröltes Gefieder nicht mehr säubern und müssen elend verhungern oder ertrinken. Ganze Brutkolonien können durch eine derartige Ölpest vernichtet werden. Es dauert dann Jahre, bis sich eine neue Kolonie gebildet hat.

Länge: 30–36 cm, Spannweite: 46 cm, Gewicht: etwa 300 g, Lebenszeit: etwa 15 Jahre.

Die Papageitaucher kümmern sich sehr intensiv um ihr Junges, morgens und abends bringen sie große Mengen von Futter herbei. Um Nahrung zu finden, fliegen sie auf's Meer, um zu fischen. Wenn sie einen Schwarm kleiner Fische entdecken, schnappen sie sich einen Schnabel voll, wobei sie die Fische quer im Schnabel halten und sie dann zu ihrem Küken bringen. Die Form des Schnabels ist günstig, um die Fische festzuhalten. Sie können etwa ein Dutzend Fische auf einmal transportieren. Zunächst wird dem Jungvogel die Nahrung in den Schnabel gestopft, später schnappt er selbst nach den Fischen, die die Eltern heranbringen. Die Papageitaucher fressen auch Krebstiere und Weichtiere.

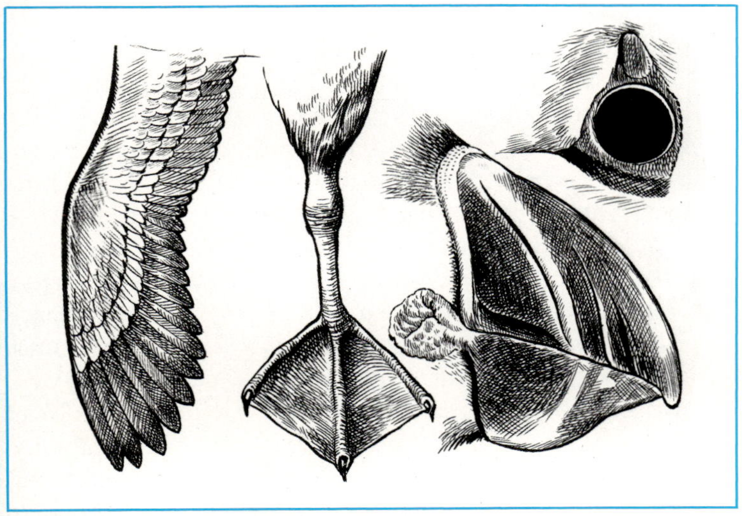

Die Flügel der Papageitaucher dienen zunächst zum Fliegen, sie sind aber auch als Schwimmflossen sehr nützlich, wenn es darum geht, schnell zu schwimmen. Auf den mit Schwimmhäuten versehenen Füßen können sie an Land nur langsam vorankommen. Das Auge, über dem ein blau gefärbtes Dreieck aus verhornter Haut liegt, ist unten schwarz geändert. Der Schnabel ist seitlich zusammengedrückt.

Das einzige Ei des Papageitauchers ist relativ dick, es wiegt mehr als ein Zehntel des Gewichts des Weibchens. Das Vogelweibchen brütet die meiste Zeit, manchmal wird es vom Männchen abgelöst. Nach dem Schlüpfen wird das Küken sechs Wochen von den Eltern gefüttert.

Die Papageitaucher begnügen sich nicht wie andere Vögel mit einer Höhlung im Sand oder einer Felsvertiefung, um ein Nest zu bauen. Immer wenn es der Boden erlaubt, graben sie eine Höhle. Wenn sie einen Kaninchenbau finden, dann sind sie auch damit zufrieden und richten sich dort ein. Meistens jedoch graben sie ihr Nest selbst mit Hilfe des Schnabels und der Füße. Die Röhre ist 1 bis 2 Meter lang und hat Seitenkammern. Wenn der Unterschlupf fertig ausgegraben ist, wird er mit Moos, Gräsern und anderen Materialien ausgepolstert.

Der Kormoran

Der Kormoran gehört zu den Vögeln mit der weitesten geographischen Verbreitung. Man findet ihn von Labrador bis Australien, in Grönland, Island, am Mittelmeer, in Südafrika und Eurasien. Die Familie der Kormorane umfaßt etwa dreißig Vogelarten, von denen viele nur in einem ganz begrenzten Gebiet zu finden sind. So zum Beispiel der Galapagoskormoran, dessen Flügel so rückgebildet sind, daß er flugunfähig geworden ist. Die Kormorane halten sich gern in Mündungsgebieten auf, an großen Wasserläufen, die von Wäldern gesäumt werden und an den felsigen Küsten der ganzen Welt. Selten sind diese Tiere Einzelgänger. Sie schließen sich möglichst in größeren Trupps zusammen. Zur Zeit der Wanderungen fliegen die Kormorane in großer Höhe und bilden dabei eine Keilformation. Sie nisten in Kolonien, häufig direkt am Boden auf kleinen felsigen Inseln, an der Breitseite einer Felswand, aber auch auf Bäumen. Auf dem Boden wird das Nest aus Zweigen und Pflanzenteilen gebaut, die sich mit der Zeit durch die Exkremente der Vögel verfestigen. Entlang der Küsten Chiles und Perus haben riesige Ansammlungen von Kormoranen zur Anhäufung ihrer Exkremente, dem Guano, beigetragen. Der Guano wird industriell genutzt und weltweit als Dünger verkauft. Die Jungvögel schlüpfen nackt und blind. Nach drei Tagen öffnen sich die Augen, und bald wächst ihnen dann ein dunkler Flaum. Nach zehn bis zwölf Wochen sind die jungen Kormorane selbständig. Anders als bei den übrigen Wasservögeln bleibt das Gefieder der Kormorane beim Tauchen und Schwimmen nicht trocken, sondern durchnäßt. Das verringert den Auftrieb und erleichtert die Jagd unter Wasser. Aber die Vögel müssen anschließend ihr Gefieder möglichst rasch trocknen, um wieder flugfähig zu werden. So sieht man sie oft am Ufer mit ausgebreiteten Schwingen stehen, damit Sonne oder Wind die Federn trocknen können.

In Japan und China werden auch heute noch Kormorane zum Fischfang abgerichtet. Sie bekommen einen Ring um den Hals, der ihnen das Verschlingen kleiner Fische zwar erlaubt, größere Fische jedoch nicht durchläßt. An einer langen Leine werden die Vögel zum Tauchen und Jagen ins Wasser gebracht. Sobald sie einen für den Menschen brauchbaren Fisch erbeutet haben, tauchen sie mit ihm auf und lassen ihn sich abnehmen. Früher war diese Art des Fischfangs allgemein üblich, inzwischen haben allerdings modernere Fangmethoden die Jagd mit Kormoranen weitgehend ersetzt.

Länge: 92 cm, Spannweite: 1,52 m, Gewicht: 1,7–2,8 kg, Lebenszeit: etwa 40 Jahre.

Wenn der Kormoran schwimmt, liegt sein Körper tief im Wasser; nur Hals und Rücken schauen noch heraus. Dann taucht er, um nach Fischen zu jagen. Hat der Kormoran ein Beutetier gefangen, kann er es gleich unter Wasser verschlingen; häufiger jedoch kehrt er an die Oberfläche zurück, wirft die Beute einmal hoch und verschlingt sie dann mit dem Kopf voran. Die Speiseröhre ist in ihrer ganzen Länge sehr dehnbar und bietet mehreren Fischen hintereinander Platz.

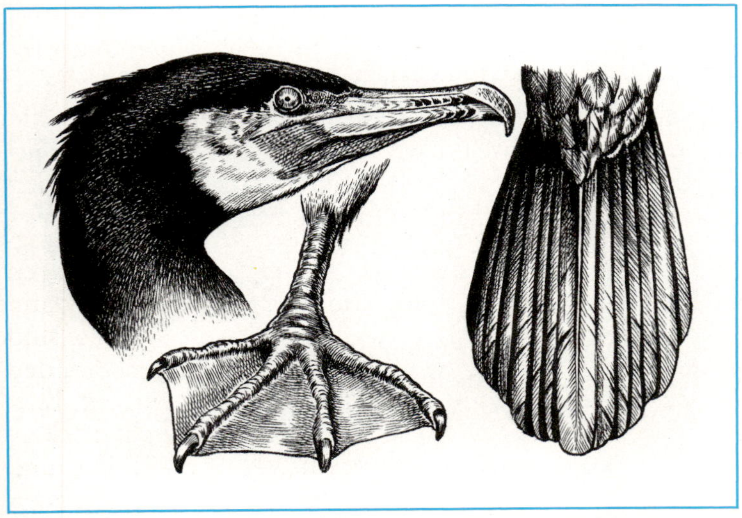

Der Kormoran hat einen geraden, recht langen Schnabel, dessen Spitze hakenförmig gebogen ist; an der Wurzel ist der Schnabel gelb. Die Füße sind schwarz und tragen Schwimmhäute zwischen allen vier Zehen. Der Schwanz ist keilförmig und besteht aus 14 Federn. Das blau-schwarze Gefieder schimmert grünlich.

Das Weibchen des Kormorans legt drei bis vier Eier von länglicher Form. Die Eltern wechseln sich beim vierwöchigen Brüten ab. Die Jungen schlüpfen nackt. Sobald sie etwas kräftiger sind, nehmen sie sich selbst die Nahrung aus dem Kropf ihrer Eltern.

Nach dem Schwimmen und Tauchen ruhen die Kormorane gern auf einem Felsen oder auf einem niedrigen Ast. Sie verweilen längere Zeit mit ausgebreiteten Flügeln, wobei sie sich möglichst gegen den Wind und die Sonne stellen. Auf diese Weise trocknen sie ihr Gefieder. Mit den großen Schwimmhäuten können sie nicht sehr geschickt laufen, aber dafür schwimmen sie um so besser. Im Flug erreichen sie immerhin eine Geschwindigkeit von 100 Stundenkilometern.

Das Seepferdchen

Seepferdchen sind Fische, obwohl sie auf den ersten Blick völlig anders aussehen und von der typischen Fischgestalt kaum etwas zu erkennen ist. Ihre Körperhaltung ist aufrecht, der pferdchenähnliche Kopf läßt sich unabhängig von der Körperachse hin und her drehen, der Schwanz ist zu einem langen Greiforgan ausgebildet, und von allen Flossen blieb nur die Rückenflosse erhalten. Am Kopf und Körper der Seepferdchen finden sich oft fadenartige Anhängsel, die zur Tarnung der Tiere beitragen, wenn sie sich im Bewuchs von Meerespflanzen aufhalten. Hier klammern sie sich mit dem Schwanzende fest, warten auf herantreibende Nahrung und verlassen ihren Platz meist nur, um kurze Strecken weiterzuschwimmen. Dabei tritt die Rückenflosse in Funktion und treibt die Seepferdchen gemächlich voran. Die Nahrung muß klein sein, denn die Mundöffnung am Ende der lang ausgezogenen Schnauze ist winzig und läßt sich nicht weit öffnen. Vorbeitreibende Nahrung wird in die Mundöffnung eingesaugt, nachdem das Seepferdchen sie zunächst mit seinen sehr beweglichen Augen genau fixiert hat. Die beiden Augen lassen sich unabhängig voneinander bewegen und können zur gleichen Zeit in verschiedene Richtungen blicken. Vor Feinden sind die Seepferdchen am besten im dichten Bewuchs der Meerespflanzen geschützt. Die faden- oder lappenartigen Körperanhängsel können auch in der Farbe diesen Pflanzen gleichen. In den Tangfeldern der Sargassosee im Golf von Mexiko lebt ein Seepferdchen, das kaum von dem es umgebenden Tang zu unterscheiden ist und sich nur verrät, wenn es aus seinem Versteck herausschwimmt.
Es gibt etwa zwanzig verschiedene Arten von Seepferdchen. Zwei davon leben im Mittelmeer und an der Ostküste des Atlantischen Ozeans. In Aquarien lassen sich diese empfindlichen Tiere meist nur schlecht über längere Zeit halten und beobachten. Schwierig ist es vor allem, sie mit der nötigen Kleinnahrung zu versorgen, so daß sie leicht verhungern. Bei guter Pflege und Fütterung kann man sie aber durchaus gesund erhalten und mit viel Glück Zeuge werden, wie die Jungen aus der Bruttasche des Männchens schlüpfen, in der sie sich entwickelt haben.

Geflecktes Seepferdchen und *Kurzschnäuziges Seepferdchen*.
Länge: 16 cm, Gewicht: etwa 20 g, Lebenszeit: 2–3 Jahre.

In der Fortpflanzungszeit von Mai bis August finden sich die Seepferdchen zu Paaren zusammen. Männchen und Weibchen führen eine Art Hochzeitstanz auf, wobei sie einander umkreisen und miteinander im freien Wasser umherschwimmen. Schließlich umschlingen sie einander mit den Schwänzen, wobei sie einander gegenüber Aufstellung nehmen, und das Weibchen legt seine Eier – etwa 200 – in die Bauchtasche des Männchens ab. Nach 4 bis 5 Wochen sind die Eier voll entwickelt, und die Jungen schlüpfen in der Bruttasche. Das Männchen wiegt sich nun ein paarmal vor und zurück und stößt schließlich die Jungtiere aus dem Spalt der Bauchtasche heraus. Die winzigen Seepferdchen sind sofort selbständig und auf sich alleine angewiesen.

Der Greifschwanz ist sehr biegsam und beweglich. Eine einzige Rückenflosse in Fächerform sorgt für die Fortbewegung. Das Männchen besitzt eine Bauchtasche, in der sich die vom Weibchen dort abgelegten Eier entwickeln. Die Kiemenöffnung ist nur sehr klein.

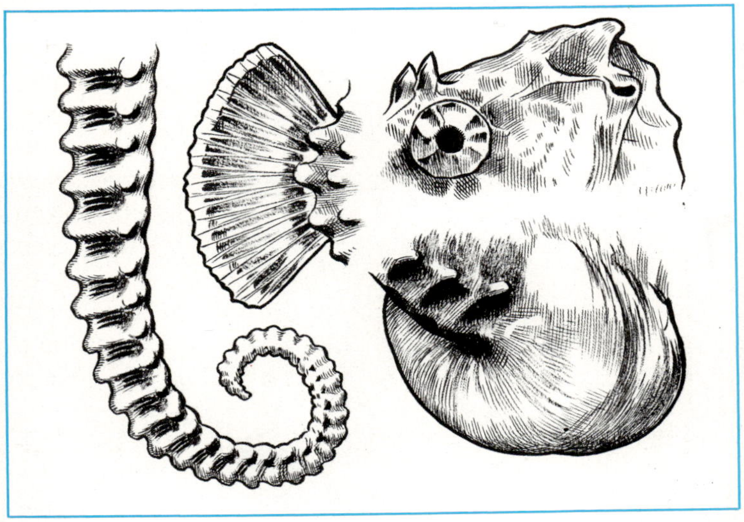

Die neugeborenen Seepferdchen ähneln den ausgewachsenen Tieren, aber Kopf und Rückenflosse sind noch übermäßig groß, im Verhältnis zum übrigen Körper. Sobald die Jungtiere aus der Bruttasche ausgestoßen werden, sind sie von ihren Eltern unabhängig.

Das Seepferdchen ist der einzige Fisch, der senkrecht schwimmt. Es gehört zur Familie der Seenadeln. Dieses kurzschnäuzige Seepferdchen ist braun und trägt keine Hautlappen, wie das auf der gegenüberliegenden Seite abgebildete Gefleckte Seepferdchen.

Der Zitterrochen

In seiner Körperform erinnert der Zitterrochen an verwandte Rochenarten wie zum Beispiel den Stachelrochen. Alle Rochen gehören zu den Knorpelfischen. Ihr Körper ist abgeflacht und trägt an seinen Seiten Flossensäume, die sich beim Schwimmen wellenförmig bewegen. Die Kiemenöffnungen und das Maul befinden sich an der Unterseite des Körpers. Wenn sie ruhen, liegen die Rochen auf dem Grund, dem sie in ihrer Färbung meist gut angepaßt sind. Was den Zitterrochen von verwandten Arten unterscheidet, sind seine elektrischen Organe, mit denen er Spannungen von etwa 200 Volt erzeugen kann. Die elektrischen Ladungen werden in umgebildeten Muskelsträngen des Rumpfes gebildet, über deren genauen Bau und Funktion noch nicht alles bekannt ist. Neben dem Zitterrochen gibt es noch etwa dreißig andere Fischarten, die mehr oder weniger hohe Spannungen erzeugen können. Am bekanntesten ist wohl der Zitteraal aus dem Amazonasgebiet, der es auf 600 Volt bringen kann. Mit Hilfe der Stromstöße lähmen oder töten die Fische kleinere Beutetiere, wehren Feinde ab und orientieren sich vermutlich auch im trüben Wasser, da sie Hindernisse im Spannungsfeld, das ihren Körper umgibt, wahrnehmen. Wenn ein Zitterrochen einmal eine volle Entladung abgefeuert hat, dann werden die nachfolgenden schwächer. Die Tiere brauchen nämlich einige Zeit, um die Ausgangsenergie wieder herzustellen.

Hält man Zitterrochen oder andere elektrische Fische in einem Aquarium, so lassen sich mit Hilfe von Elektroden, die im Wasser hängen, die Stromstöße hörbar und sichtbar machen. Dazu müssen die Elektroden nur an entsprechende Geräte angeschlossen werden.

Zitterrochen verhalten sich meist sehr ruhig und schwimmen wenig umher. Nur die Augen an der Oberseite des Kopfes beobachten die Umgebung auf sich nähernde Beute. Oft graben sich die Tiere mit dem ganzen Körper in den sandigen Untergrund ein, so daß nur noch die vorgewölbten Augen herausschauen. Es ist praktisch unmöglich, sie dann zu entdecken, und nur, wenn man ihnen zu nahe kommt, schwimmen sie plötzlich in einer Sandwolke davon, lassen sich aber bald wieder nieder und graben sich erneut ein. Zwei Arten von Zitterrochen sind in unseren Breiten recht häufig: Der Augenfleck-Zitterrochen und der Marmorrochen.

Augenfleck-Zitterrochen. Länge: 34 cm, Gewicht: 630 g, Lebenszeit: unbekannt.
Marmorrochen. Länge: 43 cm, Gewicht: 2 kg, Lebenszeit: unbekannt.

Die Zitterrochen können lange Zeit flach auf dem Meeresgrund liegen oder sich sogar in den Grundschlamm eingraben. Nur die Augen und die Atemlöcher, die direkt daneben liegen, sind frei. Wenn ein Fisch in die Nähe kommt, taucht der Zitterrochen plötzlich auf, schlägt die Brustflossen nach innen, als wolle er die erspähte Beute einfangen, und stößt eine Stromladung aus, um das Beutetier zu lähmen. Sofort bemächtigt er sich seines Opfers und verschlingt es; das Maul des Zitterrochens scheint sehr klein, es kann sich aber sehr weit ausdehnen.

Die elektrischen Organe der Zitterrochen bestehen aus der Zusammenschaltung zahlreicher Zellen, die wie eine elektrische Batterie funktionieren. Jede Zelle ist mit einem der vier Nerven (2) verbunden, die direkt vom Hirn (3) herkommen und jedes Organ an das Nervensystem anschließen.

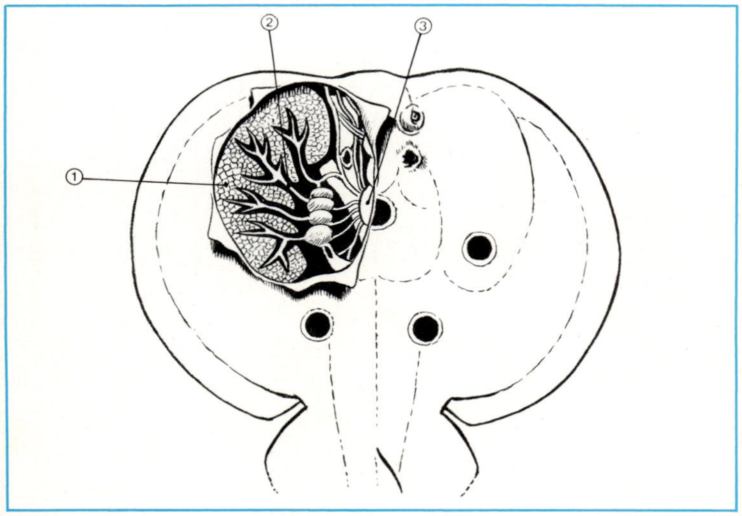

Bis die Jungen schlüpfen, bleiben sie in den Eiern im Körper der Mutter. Die unten abgebildeten Embryos wurden von einem sterbenden Zitterrochen zu früh geboren. Man sieht noch den Dottersack, der den Embryo ernährt.

Der Marmorrochen ist einer der häufigsten im Mittelmeer. Er wird ungefähr 43 cm lang. Hier sieht man ganz gut, wie klein die Augen sind. 10 Monate lang entwickeln sich die Eier im Körper der Mutter, ehe die jungen Zitterrochen zur Welt kommen.

Der Hummer und die Languste

Wenn auch der Hummer riesige Scheren besitzt und die Languste lange Antennen, so macht doch auch die Färbung einen deutlichen Unterschied zwischen beiden Krebstieren. Der lebende Hummer ist dunkelblau, er wird erst beim Kochen rot. Die europäische Languste ist rötlich. Man nennt sie auch manchmal die Rote Languste, um sie von der rosafarbenen Languste der Küste Mauretaniens und der grünen Languste im Golf von Guinea zu unterscheiden.

Hummer und Langusten leben in felsigen Gegenden und nutzen jede Felshöhlung aus. Einmal in ihrem Leben jedoch schwimmen beide Tiere im offenen Wasser: wenn sie aus dem Ei schlüpfen, im Larvenzustand; dann gehören sie zum Plankton und treiben mit anderen Kleinlebewesen im Meer. Erst nach dem Larvenstadium werden die Krebse seßhaft und leben auf dem Meeresgrund, wo sie sich ständig häuten und heranwachsen. Die Schale der Krebstiere entspricht einem äußeren Skelett, einem festen Panzer. Bei der Häutung befreit sich der Hummer von seinem alten Panzer, indem er nach hinten herausschlüpft. Wenn der Panzer abgelegt ist, dehnt sich der Körper innerhalb weniger Stunden und erreicht seine neuen Maße (15% mehr an Länge und 50% mehr an Gewicht bei den ersten Häutungen). Der neue Panzer härtet innerhalb von zwei bis drei Wochen aus; während dieser Zeit frißt der Hummer seinen alten Panzer auf. Im ersten Lebensjahr häutet sich der Hummer zehnmal, dann seltener, bis sich das Tier nur noch einmal im Jahr oder alle zwei Jahre, je nach Geschlecht, häutet. Die Häutung ist für die Krebstiere eine kritische Zeit, denn sie können in dieser Zeit kaum Nahrung aufnehmen und sind außerdem, da ihr Körper weich ist, sehr verwundbar. Trotzdem leben in einer Felshöhle manchmal ein Hummer und ein Meeraal zusammen, ohne daß man sich recht erklären kann, warum die Tiere diese Wohngemeinschaft eingehen. Ganz sicher stellt der Meeraal für den Hummer zur Zeit der Häutung einen möglichen Feind dar.

Kleinere Krebse leben übrigens auch im Süßwasser. Der Europäische Flußkrebs war einmal in klaren Bächen und Seen weit verbreitet, bis er durch die Krebspest, eine gefährliche Krankheit, fast ausgerottet wurde. Er galt früher als beliebte Fastenspeise.

Hummer. Länge: 60 cm (bekanntes Maximum), Gewicht: 1,3 kg, mögliche Lebenszeit: etwa 50 Jahre.
Languste. Länge: 30 cm, Gewicht: 1 kg, Lebenszeit: unbekannt.

Der Hummer bevorzugt Weichtiere, Würmer und organische Abfälle. Mit seinen Scheren durchwühlt er den Meeresgrund auf der Suche nach Nahrung. Wenn er dabei eine Schnecke oder eine Muschel aufstöbert, zerbricht er ihre Schalen mit seinen Scheren und frißt sie. Im allgemeinen lebt der Hummer allein in seinem Unterschlupf, den er nur bei Nacht verläßt, um auf Nahrungssuche zu gehen.

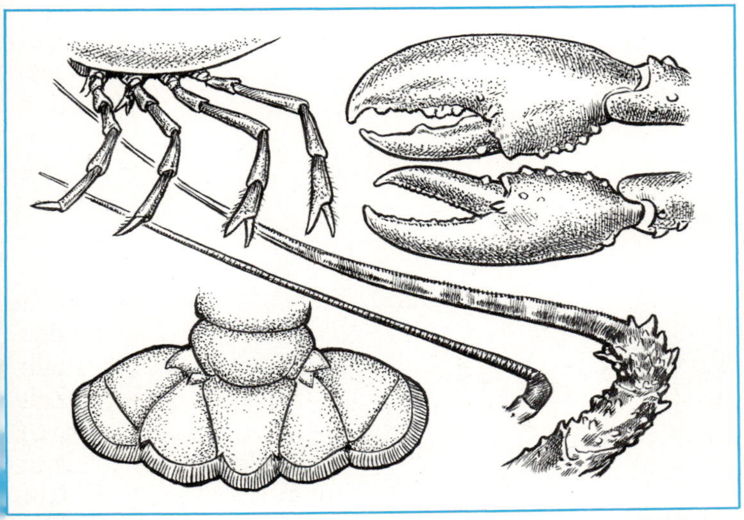

Beim Hummer und bei der Languste sind die zehn Beine am Kopfbruststück angewachsen. Im Gegensatz zur Languste aber besitzt der Hummer ein Paar großer Scheren. Die Languste ist dafür mit sehr langen Antennen ausgerüstet, die an ihrer Wurzel starke Dornen haben. Diese fehlen den Antennen des Hummers. Mit dem flachen Schwanzteil können sie schnell rückwärtsschwimmen, um einer Gefahr zu entgehen.

Die Eier des Hummers und der Languste bleiben am Hinterleib des weiblichen Tieres mehrere Monate haften, ehe die Larven schlüpfen. Bei der Geburt sind die Larven der Langusten flach und breit, sie haben Fortsätze, mit deren Hilfe sie im freien Wasser schwimmen. Die Larve des Hummers führt nach dem Schlüpfen ebenfalls zunächst ein Leben im Plankton.

Die gewöhnliche Languste, oder auch Rote Languste der europäischen Küsten, lebt in felsigen Gebieten. Sie hält sich gern in Felshöhlungen auf, wobei sie ihre Antennen herausstreckt. Der Panzer der Languste ist übersät mit spitzen Knötchen und Dornen; sie hat kein Scherenpaar wie der Hummer. Dennoch ernährt sie sich von zweischaligen Weichtieren und Seeigeln.

Seeigel und Seesterne

Seeigel und Seesterne, zu den Stachelhäutern gehörend, sind Meerestiere, die sich meist im küstennahen Bereich aufhalten und auf dem Boden leben. Die runden Seeigel besitzen einen Kalkpanzer, der über und über mit mehr oder weniger langen Stacheln besetzt ist. Jeder Stachel sitzt an seiner Basis auf einem kugelförmigen Gelenk und ist beweglich. Berührt man einen Seeigel mit einem Finger an den Spitzen seiner Stacheln, so richten sich alle Stacheln der Umgebung auf diesen vermeintlichen Feind hin aus und bilden eine undurchdringliche Wehr. Sie sind sehr spitz und brechen leicht ab. Es ist nicht ungefährlich, auf einen Seeigel zu treten, denn die Stachelspitzen dringen tief ins Fleisch ein und verursachen schmerzhafte und eiternde Wunden. In der Mundöffnung auf der Unterseite des Seeigels befinden sich fünf zahnartige Kalkgebilde, mit denen die Tiere Algen und andere auf dem Untergrund lebende Organismen abweiden. Wenn sich Seeigel fortbewegen, so geht das sehr langsam vor sich. Zur Bewegung werden sowohl die Stacheln benutzt als auch die zwischen ihnen liegenden kleinen beweglichen und schlauchartigen Füßchen. Mit diesen werden auch kleine Schmutzpartikel, die sich zwischen den Stacheln verfangen können, ergriffen und entfernt.

Die Seesterne haben einen flachen Körper mit fünf Armen, die an ihrer Unterseite zahlreiche Saugfüßchen tragen. Mit diesen Saugfüßen bewegen sich die Seeigel voran, aber sie können damit auch die beiden Schalenhälften von Muscheln auseinanderziehen, um an den Weichkörper der Muschel zu gelangen. Muscheln sind die bevorzugte Nahrung von Seesternen. Sie nehmen ihre Nahrung auf, indem sie den Magen durch die auf der Unterseite liegende Mundöffnung ausstülpen und über die Beute breiten. Eine kleine Muschel kann der Kraft der Saugnäpfe nicht lange standhalten. Die Kraft des Schließmuskels, der ihre Schalenhälften zusammenhält, läßt bald nach. Seesterne können wunderschön rot oder bläulich gefärbt sein, andere sind gelblich oder braun und dem Untergrund gut angepaßt. Auch in der Größe unterscheiden sich die einzelnen Arten. Verlorengegangene Arme werden von den Seesternen sehr bald wieder neu gebildet.

Roter Kammstern. Durchmesser: etwa 60 cm, Lebensdauer: 2–3 Jahre.
Seeigel. Durchmesser: (ohne Stacheln) 7 cm, Lebensdauer: um 8 Jahre.

Der mehr oder weniger bewegliche Körper der Seesterne besteht in der Regel aus fünf Armen – es gibt auch siebenarmige –, die um eine zentrale Mundöffnung auf der Körperunterseite angeordnet sind. Die Arme tragen an ihrer Unterseite zahlreiche kleine sehr bewegliche Saugfüßchen. Die Arme der Seeigel sind sehr biegsam und können dazu beitragen, daß sich das Tier auch aus einer ungewohnten Lage wieder aufrichten kann.

Wird ein Seestern aus irgendeinem Grund etwa auf den Rücken geworfen, dann tastet er so lange mit seinen gekrümmten Armen, bis er sich festsaugen und wieder in seine natürliche Stellung umdrehen kann. Auf festem Untergrund gelingt ihm dies schneller als auf sandigem Boden.

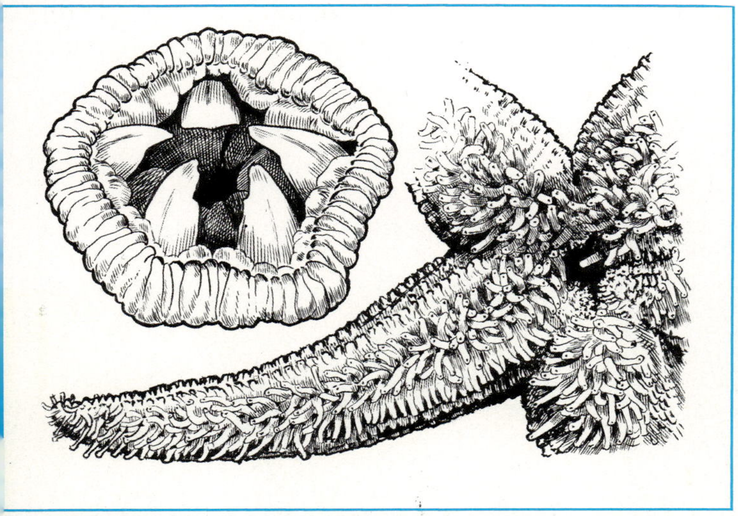

Der Mund des Seeigels besitzt fünf kräftige Zähne, mit denen er den Bewuchs an Felsen oder auf Korallen abweidet. Die Arme der Seesterne dienen zur Fortbewegung und zum Fangen und Festhalten der Beute. Geht ein Arm verloren, so wird er bald wieder neu gebildet. In der Zwischenzeit ist der Seestern kaum weniger beweglich als vorher.

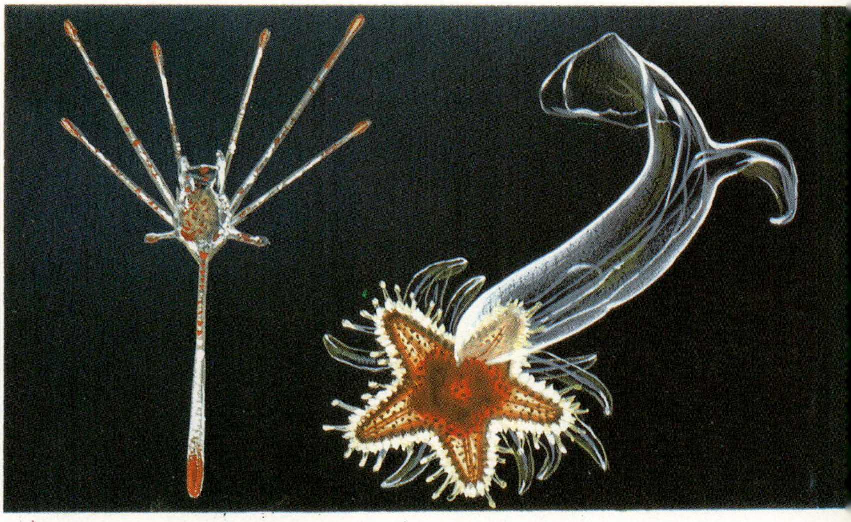

Die meisten Seeigel und Seesterne sind getrenntgeschlechtlich. Aus ihren Eiern schlüpfen Larven, die zunächst winzig klein sind und im freien Meerwasser treiben. Hier ist die Larve eines Seeigels (links) und die eines Seesterns abgebildet.

Der Eßbare Seeigel bewegt sich wie alle anderen Arten nur sehr langsam. Mit Hilfe seiner Stacheln und Saugfüßchen tastet er sich über Felsen und Sandgrund voran.

Trotz seines Stachelschutzes wird er die Beute mancher Fische, die ihn zunächst umwerfen und dann von der ungeschützten Unterseite her aufbeißen und ausfressen.

Die Sepia

Die Sepia gehört zu den zehnarmigen Tintenfischen. Neben den verhältnismäßig kurzen Mundarmen sind noch zwei weitere, sehr lange Fangarme vorhanden, die nur an ihrer Spitze Saugnäpfe tragen. Beim ruhigen Schwimmen der Tiere werden sie zwischen den Mundarmen verborgen gehalten. Beim Beutefang schnellen sie blitzartig hervor. Der Körper der Sepia ist eher flach. An seinen Seiten befinden sich Flossensäume, mit deren schlängelnden Bewegungen sich die Sepia sowohl vorwärts als auch rückwärts bewegen kann. Auf dem Rücken, von der Haut überwachsen, liegt eine kalkige Schale. Sie ist bei Vogelhaltern als »Sepia« bekannt und stammt von toten Tintenfischen. Die Vögel decken ihren Kalkbedarf, wenn sie von der Schale fressen. Sepien leben auf Sand- oder Geröllgrund und in Seegraswiesen. Meist schwimmen sie frei im Wasser, zum Ausruhen gehen sie auf den Boden und graben sich ganz in den Sand ein. Zur Laichzeit wird besonders das Männchen auffallend schwarz-weiß gestreift. Es begleitet sein Weibchen überall hin, streichelt es mit seinen Mundarmen und vertreibt etwaige Nebenbuhler. Tintenfische können überhaupt schnell und häufig ihre Farbe wechseln. Teilweise passen sie sich damit ihrer Umgebung an, teilweise geschieht es aber auch bei Schreck, Gefahren oder anderen Ereignissen, die das Tier in Erregung versetzen. Die Nahrung der Sepien besteht aus Fischen und Weichtieren. Auch Krebse und Garneelen werden gefangen und verzehrt. Im Mund der Sepien stehen zwei harte Zähne, die wie die beiden Hälften eines Papageienschnabels gegeneinander wirken und die Beute zerteilen. Sepien können nicht nur mit ihrem Flossensaum schwimmen. Wenn es schnell gehen muß, wenn sie sich vor einem Feind in Sicherheit bringen wollen, benützen sie noch eine andere Schwimmtechnik. Auf der Unterseite, hinter der Mundöffnung, befindet sich eine Art Trichter, durch den ein Wasserstrahl aus dem Inneren des Tieres nach vorne-außen abgegeben werden kann. Durch diesen Rückstoß schießt die Sepia sehr schnell mit dem Hinterleib voran davon.

Tintenfische haben ausgezeichnete Augen, mit denen sie gut sehen können. Alles in ihrer Umgebung wird genau verfolgt und betrachtet. Die achtarmigen Tintenfische, deren Körper viel massiger ist als der der Sepien, verstecken sich tagsüber in Felsspalten oder zwischen Korallenstöcken. Die Sepien selbst suchen bei Gefahr ihr Heil in der Flucht oder entleeren ihren Tintenbeutel.

Länge des Männchens: 30 cm, Länge des Weibchens: 25 cm, Gewicht: etwa 1 kg, Lebenszeit: 3–4 Jahre.

Wie viele andere Weichtiere, so hat auch die Sepia Feinde: Seehunde, Rochen, Haie und große Fische stellen ihr nach. Die Sepia ist allerdings mit sehr guten Sehorganen ausgerüstet und hat einen Angreifer bald entdeckt. Dann stößt sie rechtzeitig den Inhalt ihres Tintenbeutels aus. Dies ist eine Enddarmdrüse, deren Sekret einen dunklen Farbstoff enthält. Wird diese Flüssigkeit ausgestoßen, dann bildet sie im Wasser eine dichte, undurchsichtige Wolke; sie verbirgt nun den Tintenfisch und gibt ihm die Möglichkeit, mit Hilfe seines »Rückstoßmotors« zu entkommen, während der Feind nichts sehen kann.

Längsschnitt durch eine Sepia: 1: Mundöffnung. 2 und 3: Gehirn. 4: Darmdrüse. 5: Kalkschale. 6: Eierstock. 7: Trichter. 8: Kiemen. 9: Magen. 10: Nieren und Harnsack. Das Auge ist durch Lider geschützt, die eine spaltförmige Öffnung freilassen.

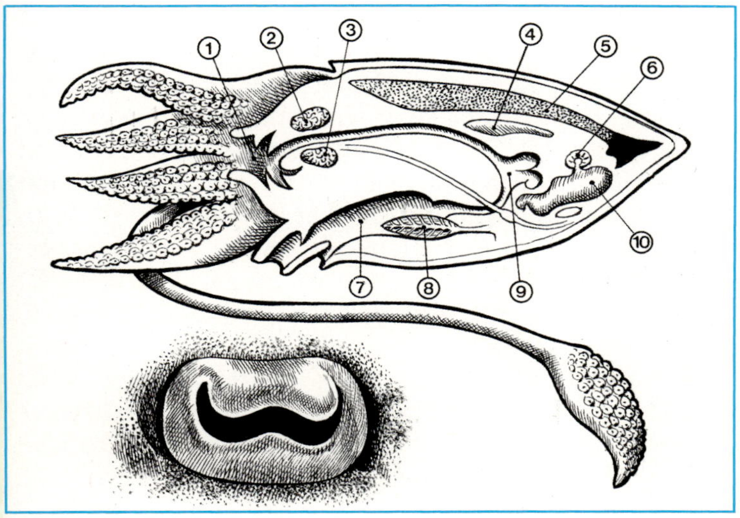

Die Tintenfischeier werden als traubenartige Gebilde an Meerespflanzen angeheftet. Sie sind reich an Nährstoffen. Die Entwicklung dauert mehrere Monate. Dann schlüpft der junge, praktisch schon fertig geformte Tintenfisch aus dem Ei und macht sich selbständig.

Diese Sepia hat gerade eine Garneele gefangen. Das Opfer wird mit den acht kleinen Tentakeln zum Mund geführt. Dann wird es mit Hilfe des »Papageienschnabels« verzehrt. Speicheldrüsen sondern ein Gift ab, das die Beute lähmt oder tötet.

Die Seeanemonen

Auf dem Meeresgrund in Küstengebieten leben Seeanemonen oder Aktinien in wunderschönen roten, grünen und rosa schimmernden Farben. Es gibt auch getigerte Arten. Einige unter ihnen bleiben immer offen, andere wieder öffnen und schließen sich, indem sie die Fangarme ausbreiten oder einziehen. In der Zoologie werden die Seeanemonen in die Klasse der Anthozoen (Blumentiere) eingeordnet; das ist eine gute Beschreibung dieser merkwürdigen Meerestiere. Sie heften sich mit ihrer Fußscheibe, die in einem Saugnapf endet, mit Hilfe eines zähflüssigen Sekrets auf einen Felsen.
Tatsächlich ist aber diese Pracht nicht ohne Gefahren für die anderen Tiere, die im selben Lebensraum vorkommen. Pech für den Fisch oder die Krabbe, die das berührt, was wie unschuldig ausgebreitete Blütenblätter aussieht: Nesselkapseln impfen dem Tier sofort ein starkes Gift ein. Auf der Außenseite jeder Kapsel sitzt ein Tastfaden, der sofort reagiert, sobald er mit einem Beutetier in Berührung kommt. Ein Hohlfaden enthält das Kapselgift. Sobald nun ein Fisch den Tastfaden berührt, öffnet sich die Kapsel, und der mit kleinen Haken versehene Nesselfaden dringt in die Haut des Tieres. Eine Nesselkapsel wird nur einmal verwendet, aber sofort durch eine neue ersetzt. Die Tentakeln sind aber nicht nur mit Nesselkapseln ausgestattet, sondern auch mit anderen Zellen. Diese enthalten klebrige Fäden, die zum Festhalten der Beute dienen. Die Seeanemonen bleiben nicht immer am gleichen Platz, sie können sich auch fortbewegen, und zwar mit Hilfe ihrer Fußscheibe oder mit Hilfe ihrer Tentakeln. Sie leben nicht nur in felsigen Gebieten: Einige Arten graben sich im Sand ein und lassen nur den Kranz ihrer Tentakeln herausschauen. Die Überlebenschancen der Erdbeerrose sind erstaunlich. Bei Ebbe zieht sie sich zusammen. Die Tentakeln werden eingezogen, und mit Hilfe ihres Muskels schließt sich die Anemone völlig. So behält sie Meerwasser in ihrem Inneren und entgeht der Austrocknung, bis die Flut wiederkommt. Die Anemonen haben wenig Feinde. Ihr Nesselgift hält die meisten Tiere davon ab, in ihre Nähe zu kommen. Einige seltene Fische und die Krebstiere sind jedoch für das Gift der Seeanemonen unempfindlich.

Erdbeerrose. Höhe: 7 cm, Durchmesser: 6 cm bei Öffnung, Lebenszeit: unbekannt. Etwa 200 Tentakeln.

Unvorsichtig stößt dieser kleine Fisch gegen die Tentakeln einer Seeanemone. Sofort wird er von zahlreichen Nesselkapseln berührt. Diese impfen ihm ein sehr starkes Gift ein, das ihn umgehend lähmt. Dann wird er von den Tentakeln erfaßt und zum Zentrum des Kranzes gebracht, wo die Mundöffnung liegt. Die Verdauungssäfte der Mundöffnung und der Magenhöhle beginnen ihre Arbeit. Die Tentakeln der Aktinie schwingen mit der Wasserströmung hin und her oder vollführen Eigenbewegungen, um Nahrungsteile zu fangen.

Unter den Aktinien sind einige besonders auffallend, weil sie ihren Tentakelkranz immer ausgebreitet haben. Andere können ihre Tentakeln einziehen. Diese Erdbeerrose, wunderbar rot gefärbt, kann sich zusammenziehen und ganz rund werden, so daß man keinen einzigen Fangarm mehr sieht.

Der Aufbau einer Seeanemone ist äußerst einfach: Die Tentakeln umrahmen die Mundöffnung, die einzige Öffnung, um Nahrung aufzunehmen und Unverdauliches abzusondern. Es gibt weder ein Skelett noch einen Atmungsapparat. Rechts der Nesselfaden vor und nach der Giftabgabe.

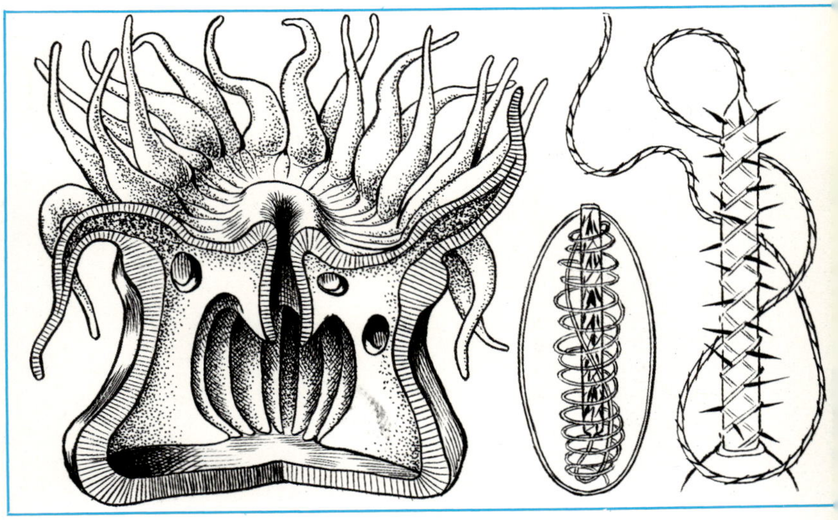

Die Fortpflanzungsmethoden der Aktinien sind unterschiedlich. Man kennt drei. Hier vermehrt sich die Seeanemone durch Knospen. Die kleinen Seeanemonen wachsen an der Fußscheibe der Aktinienmutter und bleiben dort, bis sie ausreichend ausgewachsen sind.

Das Meerneunauge

Im Frühjahr ziehen Lachse und Maifische wie jedes Jahr ins Süßwasser, um zu laichen. Unter ihnen befindet sich auch ein längliches Tier mit der Form und den Bewegungen eines Aals. Auf jeder Seite hinter den Augen hat es sieben kleine Öffnungen. Es ist ein Meerneunauge. Plötzlich dreht es auf einen Maifisch zu, nähert sich ihm, hält sich mit dem Mund, der wie ein Saugnapf geformt ist, an ihm fest und läßt sich so eine Zeit lang durch das Wasser ziehen. Neunaugen haben keine Kiefer. Die scheibenartige Mundöffnung ist übersät von spitzen, scharfen Hornzähnen. Das Oberteil der Mundöffnung kann zurückgezogen werden, und so entsteht ein gefährlicher Saugnapf, mit dem die Neunaugen sich am Opferfisch festhalten. In der Mitte der Mundöffnung liegt ein kräftiger, mit Zähnen versehener Muskel. Er durchschabt Haut und Muskulatur des Fisches, so daß blutende Wunden entstehen. Das Blut wird eingesogen und mit dem Sekret spezieller Speicheldrüsen vermischt, die ein Gerinnen verhindern. Neunaugen sind Schmarotzer, die sich vom Blut ihrer Opfer ernähren. Kleinere Fische sterben an den Verletzungen. Neunaugen schwimmen mit wellenartigen Bewegungen ihres Flossensaumes am Hinterleib oder durch Schlängeln des ganzen Körpers. Bis zur nächsten Mahlzeit verstecken sie sich in Wasserpflanzenbewuchs oder im Bodenschlamm.

Die sieben Öffnungen auf jeder Seite des Vorderkörpers führen zu den Kiementaschen. Das Wasser tritt durch die Mundöffnung ein und durch die Löcher wieder aus, nachdem es an den Kiemen vorbeigeströmt ist. Die sieben Kiemenöffnungen zusammen mit dem Auge und der Nasenöffnung an jeder Körperseite führten zu dem Namen Neunauge. Neunaugen werden manchmal mit dem Aal verwechselt. Aber außer der äußeren Gesamterscheinung haben sie nichts mit dem Aal gemeinsam: Sie besitzen keine Kiefer und keine Brustflossen. Die Neunaugen gehören zur Klasse der Rundmäuler, der kieferlosen Tiere, deren Vertreter zu den primitivsten und gleichzeitig ältesten heute lebenden Wirbeltieren gehören. Sie lebten schon in einer Zeit, die etwa 350 Millionen Jahre zurückliegt.

Länge: maximal 1 m, Gewicht: 1 kg, Lebenszeit: etwa 10 Jahre.

Zur Zeit der Geschlechtsreife, im Frühjahr, verlassen die Neunaugen das Meerwasser und schwimmen die Süßwasserläufe hinauf, ohne sich unterwegs zu ernähren. In steinigem Grund wird ein Nest gegraben, indem sie mit dem Maul einzelne Kiesel wegräumen. Dann saugt sich das Weibchen mit seinem Saugnapf an einem Stein fest. Ein Männchen saugt sich auf dem Kopf des Weibchens fest und befruchtet die etwa 200000 Eier, die das Weibchen ablegt. Ist das Gelege und die Befruchtung abgeschlossen, lassen sich die erschöpften Tiere von der Strömung abtreiben und gehen bald zugrunde.

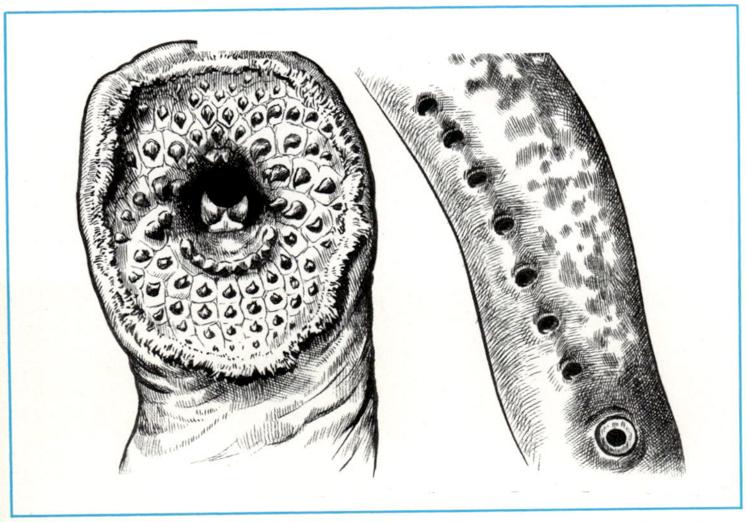

Der runde Mund ist mit zahlreichen Zähnen versehen, die aus einer hornartigen Masse bestehen: Sie dienen dazu, sich an einem Beutetier festzubeißen und dessen Haut zu zerreißen. Die sieben Kiemenöffnungspaare der Neunaugen werden nach innen zu Kiementaschen ausgeweitet, die reich mit Blutgefäßen ausgestattet sind.

Die Eier der Neunaugen sind nach etwa 20 Tagen entwickelt. Die 15–20 cm langen Larven unterscheiden sich durch mehrere Merkmale von den ausgewachsenen Tieren. Sie leben etwa 4 bis 5 Jahre im Schlamm der Flüsse, ehe sie sich verwandeln und zum Meer schwimmen.

Neunaugen leben als Schmarotzer an Fischen. Sie saugen sich auch an gesunden Fischen fest. Andere Rundmäuler hingegen, wie etwa die Inger, die immer im Meer bleiben, halten sich an tote oder sterbende Fische, die sie vollständig aussaugen und von denen sie dann nur Haut und Gräten übriglassen. Wenn die Neunaugen für die Fische gefährlich sind, so haben sie selbst doch auch zahlreiche Feinde. Raubfische und angriffslustige Krebstiere (wie hier unten eine Krabbe) können vor allem die Larven und kleineren Tiere töten und fressen.

Die Wellhornschnecke, die Purpurschnecke und der Seehase

Die Wellhornschnecken mit ihrem ziemlich glatten Schneckenhaus ernähren sich hauptsächlich von toten Meerestieren, sind also Aasfresser. Sie können allerdings auch lebende Beute angreifen, vor allem Muscheln. Um an das weiche Muschelfleisch gelangen zu können, das zwischen den Schalen geborgen liegt, verwenden die Wellhornschnecken eine besondere Verhaltensweise. Sie sitzen ruhig auf der Schale einer Muschel und warten, bis diese ihre beiden Schalenhälften öffnet. Blitzschnell schiebt die Wellhornschnecke jetzt ihren eigenen Schalenrand zwischen die Muschelschalen, so daß diese nicht mehr geschlossen werden können. Damit ist für die Schnecke der Zugang zum Muschelfleisch frei und sie kann mit der rüsselartig verlängerten Mundöffnung die Weichteile aufnehmen. Zur Zeit der Eiablage versammeln sich die Weibchen an bestimmten Stellen, um zu legen. Jedes Ei ist in einer faserigen weißlichen Hülle eingeschlossen. Aber nicht alle Eier entwickeln sich. Die nach etwa acht Wochen schlüpfenden Jungschnecken ernähren sich zunächst von den übriggebliebenen Eiern. Später verteilen sie sich in der Umgebung und müssen alleine Nahrung auffinden, wobei ihnen ihr guter Geruchssinn sehr hilfreich ist.

Die Purpurschnecke, wegen ihres stachelbesetzten Hauses auch Stachelschnecke genannt, hat ihren Namen von einem wasserhellen Sekret, das am Licht zuerst eine gelbgrüne und später eine tief violette Farbe annimmt. Wegen seiner Farbechtheit wurde dieser Farbstoff im Mittelalter und Altertum zum Färben kostbarer Gewänder benützt. Man weiß jedoch noch nicht, welche Bedeutung dieser Farbstoff für die Schnecke selbst besitzt.

Die unten abgebildete Purpurschnecke ist getrenntgeschlechtlich, es gibt also Männchen und Weibchen. Dies ist nicht bei allen Schnecken der Fall, viele Arten sind Zwitter, haben also männliche und weibliche Keimdrüsen.

Während die beiden schon genannten Schnecken Kalkgehäuse tragen, gehört der Seehase zu den Nacktschnekken. Er ist gehäuselos. Sein Name stammt von den beiden wie Hasenohren aussehenden aufrechtstehenden Fühlern am Kopf. Mit den seitlich am Schneckenfuß sitzenden Hautlappen kann der Seehase frei im Wasser schwimmen, indem er sie wellenförmig bewegt. Zum Kriechen benutzt er seine Unterseite, den sogenannten Fuß.

Purpurschnecke: Länge 9 cm. *Wellhornschnecke:* Länge 5 cm. *Seehase:* Länge maximal 30 cm.

Dieser Seehase weidet friedlich an den Meerpflanzen, bis sich ihm plötzlich ein Fisch, eine Brasse, nähert. Der Seehase, über den Eindringling sichtlich erschrocken, geht in Verteidigungsstellung und stößt in Richtung des Fisches eine dunkle Wolke aus. Diese Wolke macht den Seehasen für eine Weile unsichtbar. Bei einigen Arten vertreibt sie tatsächlich die Feinde, denn sie verbreitet einen ekelerregenden Geruch. So flüchtet schließlich auch die Brasse.

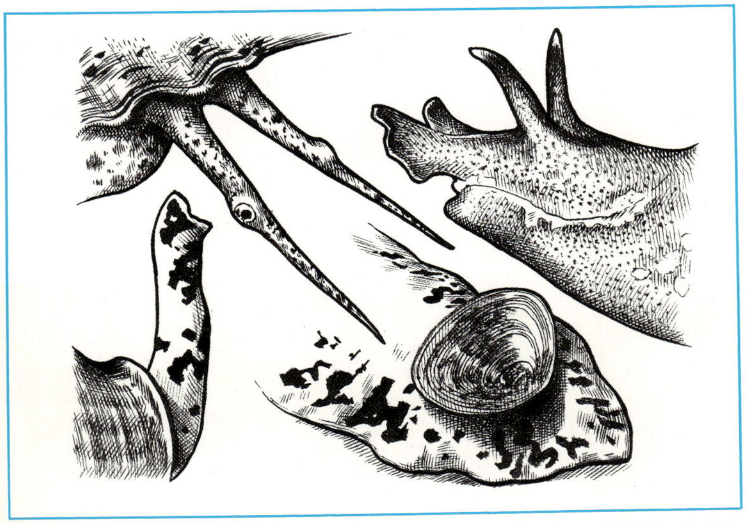

Beim Seehasen befinden sich die winzigen Augen am Kopf, an der Wurzel der Fühler; die Augen der Purpurschnecke dagegen (oben links) liegen in der Mitte der beiden Fühler. Die Wellhornschnecke besitzt einen Verschluß am Fußende, der es ihr erlaubt, ihr Gehäuse völlig abzudichten (unten rechts). Ihre Mundöffnung liegt an der Spitze des Rüssels.

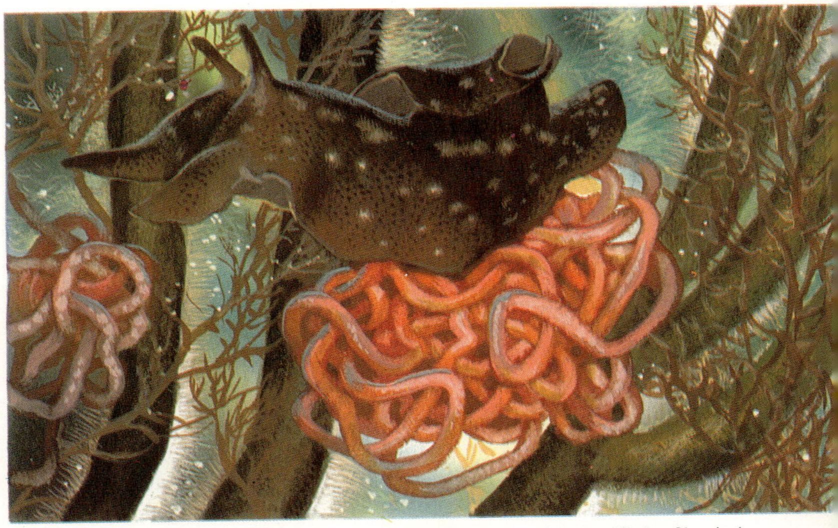

Zur Zeit der Vermehrung versammeln sich die Seehasen nahe der Küste. Sie sind zweigeschlechtlich, also Zwitter. Die zahlreichen Eier sind von einem Sekret eingehüllt, das einen rötlichen Ball aus langen Fäden bildet, die sogenannten Seenudeln.

Diese Wellhornschnecke wurde vom Geruch eines toten Fisches angezogen und kommt nun, um zu fressen. Ihre Zunge ist mit harten Zähnchen besetzt und zerreibt das Fleisch des Beutetieres. Wenn die Nahrung erst einmal zu Brei zerrieben ist, gleitet sie in den Verdauungskanal. Die Wellhornschnecke ist wie die Purpurschnecke ein aktiver Räuber, der auch lebende Tiere überwältigt.

Die Muräne und der Meeraal

Der schlechte Ruf der Muränen stammt aus sehr alter Zeit. Einige römische Gastwirte sollen das Fleisch der Muräne so geschätzt haben, daß ihre Fischteiche immer mit diesen Fischen gefüllt waren. Man erzählt sich, sogar Sklaven seien den Muränen zum Fraß vorgeworfen worden. Diese Fische haben eine langgestreckte, für sie typische Form, die an Schlangen erinnert; sie haben keine Bauchflossen, und ihr Kopf ist dreieckig. Im Maul, besonders im vorderen Bereich, stehen zahlreiche spitze, leicht nach hinten gebogene Zähne. Die Muränen können einem unvorsichtigen Taucher, der sie aus dem Versteck zu treiben versucht, ernsthafte Bißwunden zufügen. Die Nebenwirkungen sind häufig sehr unangenehm. Die entzündeten Wunden verheilen sehr schlecht. Dennoch sind die Muränen nicht so bösartig, wie man früher sagte. Hauptsächlich leben sie in warmen Meeren. Es gibt zahlreiche tropische Arten. An den europäischen Küsten kommt nur die Mittelmeer-Muräne vor.

Die Muränen verstecken sich wie die Meeraale in Felshöhlungen oder Wracks. Der Meeraal hält sich meistens tagsüber verborgen, um dann nachts auf die Jagd zu gehen. Dieser gefräßige Fisch greift sowohl Weichtiere als auch Fische an.

Die Fortpflanzungszeit liegt bei den Meeraalen im Sommer, ein Zeitraum, in dem sie besonders zwischen den Azoren und Gibraltar im Atlantik in ein eng begrenztes Gebiet und in einige Teile des Mittelmeeres wandern. Das Gelege besteht aus 3 bis 8 Millionen Eiern pro Weibchen. Die Larven brauchen ein oder zwei Jahre, bis sie in Küstengebiete kommen, wo sich die Verwandlung in ihre endgültige Form vollzieht. Der junge Meeraal wächst dann sehr schnell. Er erreicht innerhalb von 5 Jahren ein Gewicht von 40 kg. Der Meeraal pflanzt sich nur ein einziges Mal in seinem Leben fort. Nach der Eiablage und deren Befruchtung sind die Fische so erschöpft, daß sie sterben.

Mittelmeer-Muräne. Länge: 1,5 m, Gewicht: 8–10 kg, Lebenszeit: mehr als 7 Jahre.
Meeraal. Häufige Länge: 2 m, Gewicht: 40–50 kg.

Nur der drohende Kopf schaut hervor, so gut hat sich der Meeraal in seinem felsigen Unterschlupf versteckt, wo er auf der Lauer liegt. Schnell stürzt er sich auf jede Beute, die in erreichbarer Entfernung vorbeikommt. Fische machen einen großen Bestandteil seiner Ernährung aus, aber auch Krebstiere verachtet er nicht.

Gerne greift er Krebse wie den Großen Taschenkrebs an, ebenso Tintenfische oder Hummer, letzteren besonders gern zur Zeit der Häutung, wenn er besonders verwundbar ist.

Der Meeraal hat wie der Aal im Gegensatz zur Muräne Brustflossen. Sein Oberkiefer ist etwas länger als der Unterkiefer. Die Rückenflosse der Muräne beginnt oben auf dem Kopf, während die Rückenflosse des Meeraals erst sehr viel weiter hinten ansetzt, etwa in der Höhe des äußersten Randes der Brustflossen.

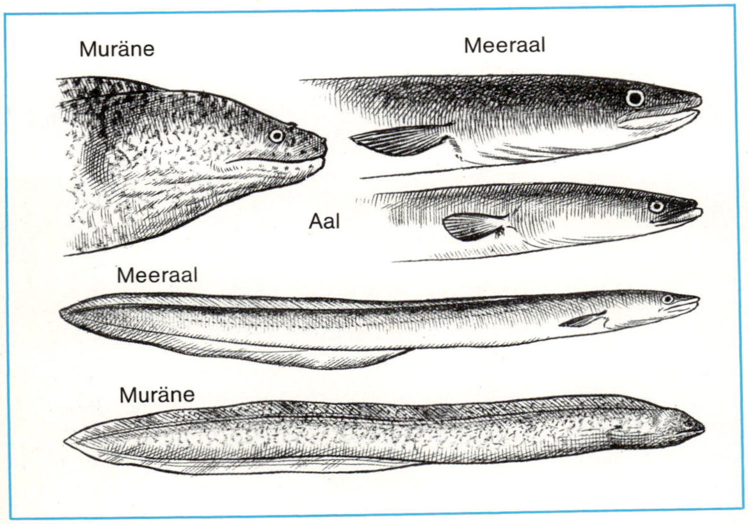

Die Larven des Meeraals und die der Muräne sind wie die Larven des Aals zunächst durchsichtig. Der Kopf ist klein, und der Körper hat die Form eines Weidenblattes, weswegen man auch von »Weidenblattstadium« spricht. An der Zahl der einzelnen Muskelabschnitte entlang des Körpers läßt sich die Art bestimmen.

Die Mittelmeer-Muräne findet man häufig an den felsigen Küsten des Mittelmeeres und des Atlantiks. Wie die Meeraale sind die Muränen nachtaktiv; wenn sie angegriffen werden, verteidigen sie sich heftig. In den wärmeren Gewässern zeigen sie gegenüber Tauchern allerdings eher Neugierde als Aggressivität.

Der Katzenhai

Flach auf dem Meeresboden, in der Nähe eines Algenbüschels, liegt ein Kleingefleckter Katzenhai auf der Lauer. Man sieht kaum, wie sich die fünf Kiemenspalten an den Körperseiten vor den Brustflossen öffnen und schließen. Die Augen untersuchen die Umgebung. Sie übermitteln keine sehr klaren Bilder, aber sie bemerken jede Lichtveränderung in der Umgebung und melden, wenn in ihrem Blickfeld ein Fisch oder ein Krebstier vorbeizieht. Außerdem besitzt der Katzenhai noch andere Sinnesorgane: Zum Beispiel liegen in seiner Haut, vor allem am Kopf und an den Körperseiten, Kanäle mit Tastorganen, die jede durch das Wasser übertragene Bewegung wahrnehmen. Ein Fisch wird also sofort bemerkt, und der Katzenhai macht sich an die Verfolgung. Dabei treibt ihn seine Schwanzflosse vorwärts, unterstützt durch wellenartige Bewegungen seines länglichen Körpers. Das Maul liegt unter dem Kopf, der Oberkiefer überragt den Unterkiefer. Das Maul ist mit mehreren Reihen kleiner Zähne ausgestattet, mit denen die Beute gepackt wird. Kleine Fische werden im Ganzen verschlungen. Die Katzenhaie ernähren sich nicht nur von Fischen, sondern auch von Weichtieren wie Muscheln, Tintenfischen und Krebstieren. Die Haut der Haie ist mit sehr spitzen sogenannten Hautzähnen bedeckt. Sie bestehen aus demselben Material wie die echten Zähne der Wirbeltiere. Man kann sie nur fühlen, wenn man mit der Fingerspitze von rückwärts zum Kopf hin über die Haut eines Haies streicht, da die Zähnchen mit ihren Spitzen nach hinten gerichtet sind. Früher benutzten Schreiner die Haihaut zum Abschleifen von Holz.

Die Eier der Haie entwickeln sich außerhalb des Mutterleibes. Sie liegen geschützt in einer Hülle aus hornartigem Material. Alle Haie sind wie die Rochen Knorpelfische, deren Skelett noch nicht verknöchert ist. Die Katzenhaie gehören zu den kleinsten Arten. Man findet sie im Mittelmeer, im östlichen Atlantik von Norwegen bis zur Westküste Afrikas.

Kleingefleckter Katzenhai. Länge: 60 cm, Gewicht: 4,5 kg, Lebenszeit: 7–8 Jahre.
Großgefleckter Katzenhai. Länge: 80 cm, Gewicht: 9,5 kg, Lebenszeit: 8–10 Jahre.

Die Haie vermehren sich nicht wie die meisten Knochenfische, deren Eier erst außerhalb des Körpers der Weibchen durch die Männchen befruchtet werden. Kurz vor dem Laichen nähert sich ein Haimännchen dem Weibchen, und beide schwimmen ein Stück gemeinsam unter geschmeidigen schlängelnden Bewegungen. Dann umschlingt das Männchen mit seinem Körper das Weibchen, das nun bewegungslos verharrt, und führt die langausgezogenen Anhänge seiner Bauchflossen in die Geschlechtsöffnung des Weibchens ein. Sie leiten den Samen in den Körper des Weibchens, die Befruchtung der Eier findet also im Inneren des Weibchens statt. Anschließend legt es die Eier ab.

Die männlichen Katzenhaie besitzen an ihrer Bauchflosse zwei Anhänge, die für die Paarung wichtig sind. Im Maul stehen viele Reihen spitzer Zähne, vor den Nasenöffnungen befinden sich häutige Lappen (oben rechts). Die Stellung der Rücken- und Bauchflossen zueinander ist beim Kleingefleckten und Großgefleckten Katzenhai unterschiedlich.

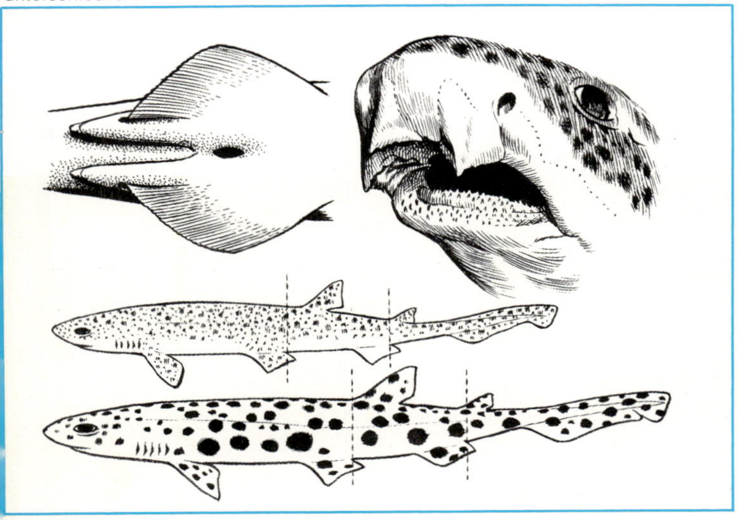

Das Ei wird von einer Kapsel aus hornartigem Material umgeben, die mit spiralförmigen Fäden versehen ist, mit denen sie sich verankern kann. Der Embryo entwickelt sich innerhalb von neun Monaten. Seinen Nahrungsbedarf deckt er aus der Nährkapsel, dem »Dottersack«, den man in der durchsichtigen Kapsel erkennen kann.

Der junge, eben geschlüpfte Katzenhai hat schon die Figur seiner Eltern. Er kann sich selbst ernähren, aber die Gefahr, daß auch er gefressen wird, ist groß. So mancher gerät in die Fangarme einer Seerose und wird verspeist.

Die Pilgermuschel

Seit Jahrhunderten wird die Pilgermuschel in der Malerei und in der Architektur als schmückendes Element verwendet. Ihren Namen bekam sie von den Pilgern des Mittelalters, die nach Spanien, nach Santiago de Compostela zogen und als ihr Erkennungszeichen die Pilgermuschel oder Jakobsmuschel angenommen hatten. Sie brachten sie mit nach Hause als Beweis ihrer Pilgerfahrt. Die Organe der Pilgermuscheln sind in einen aus zwei Lappen bestehenden Mantel eingehüllt. Diese Lappen befinden sich an beiden Seiten des Kalkgehäuses, den Schalen. Daher bezeichnet man auch die Pilgermuschel wie alle Muscheln als zweischaliges Weichtier. Der Fuß, der für andere Weichtiere, die Schnecken etwa, eine so wichtige Rolle bei der Fortbewegung spielt, ist hier sehr zurückgebildet. Aber im Gegensatz zu den meisten Muscheln ist die Pilgermuschel sehr beweglich und kann sich vor einer Gefahr rasch in Sicherheit bringen. Durch schnelles Öffnen und Schließen der beiden Schalen entsteht ein Rückstoß, der die Muschel vorantreibt. So kann sie längere Strecken schwimmen. Der Kopf der Muscheln ist stark zurückgebildet. Die Nahrung, feinster Plankton, wird mit einem Filterapparat aus dem Wasser entnommen. Wenn man eine Muschel so hinstellt, daß das Scharnier der Schalenhälften nach oben zeigt, so hat man eine rechte und eine linke Schale. Bei der Pilgermuschel ist die rechte Schale bauchiger als die linke. Auf dieser rechten Schale ruht die Muschel, wenn sie auf dem Boden liegt. Bei geöffneten Schalen sieht man zahlreiche Tentakeln am Mantelrand und eine große Anzahl kleiner pigmentierter Knöpfe, die eine blaugrüne Färbung haben: Es sind einfache Augen, die größere bewegliche Gegenstände wie einen Schwimmer wahrnehmen können. Wenn ein Auge durch einen Unfall zerstört wird, wird es sofort durch ein neues ersetzt. Die Feinde der Jakobsmuschel sind die Seesterne und die Tintenfische, aber auch Fische wie Goldbrassen und Rochen. Die letzteren ernähren sich häufig von ihnen, sie zermalmen sie zwischen ihren harten Zahnplatten. Außerdem können sie großen Schaden bei nahen Verwandten der Jakobsmuscheln, in Austern- und Muschelbänken anrichten.

Große Jakobsmuschel. Durchmesser: 15 cm, Lebenszeit: etwa 10 Jahre.

Die Jakobsmuscheln besitzen am Rand des Mantels Sehorgane und andere Sinnesorgane. Die Augen sind zwar unfähig, ein deutliches Bild zu zeichnen, aber sie können Lichtunterschiede und Bewegungen wahrnehmen. Wenn eine Jakobsmuschel in Gefahr ist, bewegt sie sich schnell fort, indem sie ihre Schalen ruckartig öffnet und schließt. Diese Bewegungen sind sehr unausgeglichen und ruckhaft, und die Muschel kann ihren Landeplatz nicht genau bestimmen. Oft fällt sie auf die flache Schalenhälfte und muß sich noch einmal umdrehen.

Innerer Aufbau der Jakobsmuschel: 1: Mundöffnung. 2: Fuß. 3: Kiemen. 4: Schließmuskeln. 5 und 9: Verbindung zwischen Mantel und Schale. 6: Geschlechtsdrüse. 7: Augen. 8: Fühler. 10: After. 11: Niere. 12: Enddarm. 13: Herz. 14: Mitteldarmdrüse. 15: Elastisches Band.

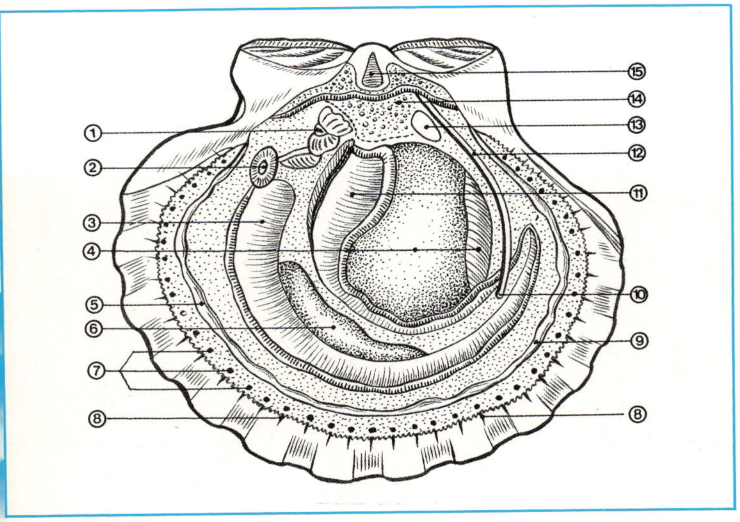

Dieses merkwürdige kleine Weichtier ohne Gehäuse ist eine Larve. Im Rückenteil erscheint eine Verdickung, die später das Gehäuse bildet. Die Ausbuchtung an der Vorderseite ergibt später den Fuß. Zunächst schwimmt die Larve im freien Wasser, dann fällt sie auf den Meeresgrund, wo sie ihre Entwicklung beendet.

Ein starker Muskel verbindet die beiden Seiten des Gehäuses fest miteinander. Der Seestern, der mit Saugnäpfen an den Armen ausgestattet ist, muß kräftig ziehen, um die beiden Schalen zu öffnen. Der Seestern verzehrt die Weichteile der Muschel, indem er seinen Magen zwischen die Schalen führt und auf die Weichteile legt.

Der Einsiedlerkrebs

Der Einsiedlerkrebs, der in vielen Arten vorkommt, unterscheidet sich von anderen Krebsen und Krabben vor allem durch seinen langgestreckten, ungegliederten und weichhäutigen Hinterleib. Die Schwanzflosse, die anderen Arten zum Rückwärtsschwimmen dient, ist zu einem Greifhaken umgebildet. Das Scherenpaar des Einsiedlerkrebses besteht aus einer kräftigeren und einer schwächeren Schere. Mit diesen Werkzeugen wird die Nahrung gepackt oder ein kleinerer Feind abgewehrt. Da der Hinterleib des Krebses nicht wie bei anderen Arten durch einen festen Chitinpanzer geschützt ist, muß er ihn auf andere Weise in Sicherheit bringen. Dazu sucht sich der Einsiedlerkrebs eine leere Schneckenschale, in die er rückwärts hineinkriecht. Der Hinterleib paßt sich den Windungen des Schneckengehäuses an, und mit dem Schwanzhaken hält sich der Krebs an der Mittelsäule fest. Aus der Öffnung des Schneckenhauses schaut nur der gepanzerte Vorderteil des Krebses mit den Laufbeinen und den Scheren heraus. Droht Gefahr, zieht sich der Krebs so weit als möglich ins Schneckenhaus zurück und verschließt mit der größeren seiner Scheren den Eingang. Auf diese Art und Weise ist er fast unangreifbar. Einsiedlerkrebse leben sowohl in kalten als auch in wärmeren Meeresgebieten. Die meisten Arten kommen in den Tropen vor. Bei Ebbe sieht man dann überall die kleinen Krebse mit ihren Schneckenhäusern auf dem feuchten Strand umherkrabbeln.

Die Einsiedlerkrebse sind auch durch ihr Zusammenleben mit Seerosen bekannt geworden. Sehr oft findet sich auf dem Schneckenhaus, das ein Krebs mit sich umherträgt, eine Seerose. Sie ist dort nicht von alleine hinaufgekommen, sondern der Krebs hat sie vorsichtig mit seiner Schere gepackt und auf sein Haus gesetzt. Wahrscheinlich ist er durch die nesselnden Fangarme der Seerose noch besser geschützt, denn Fische wagen sich nicht gern in deren Nähe. Andererseits bekommt die Seerose hin und wieder etwas von den Mahlzeiten des Einsiedlerkrebses ab, wenn dieser seine Nahrung zerteilt und das eine oder andere Stück abtreibt. Es landet dann nicht selten in den Fangarmen der Seerose.

Einsiedlerkrebs. Länge: 10 cm, Lebenszeit: etwa 7 Jahre.

Das Schneckenhaus ist ein sicherer Unterschlupf für den Einsiedlerkrebs. Oft sitzen auf diesem Gehäuse auch noch Seeanemonen. Sie bieten einen sehr wirksamen Schutz durch ihre Nesselarme. Die Anemone ihrerseits profitiert von den Essensresten ihres Gastgebers. Wenn der Krebs wächst, wird das Gehäuse zu klein. Es kann auch vom Umherschleifen auf dem Meeresgrund schadhaft werden. Dann sucht sich der Krebs ein neues Gehäuse, das größer oder besser erhalten ist.

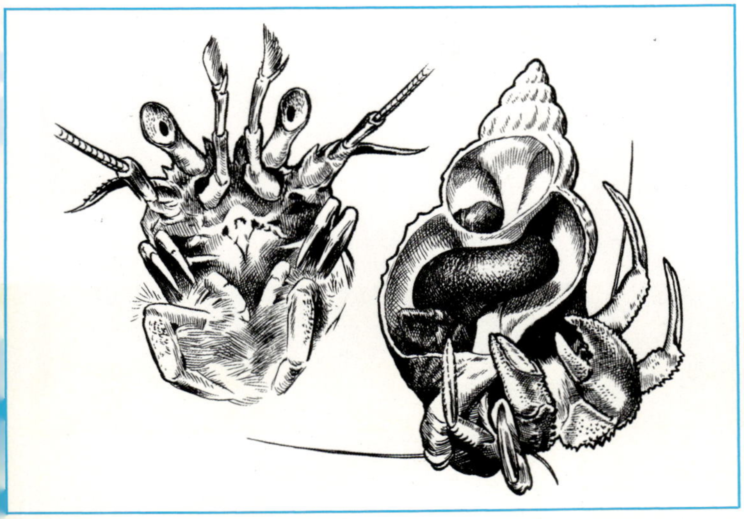

Die Augen des Einsiedlerkrebses sitzen auf Stielen. Man erkennt die Fühler und die Kieferfüße. Weiter hinten sitzen die Scheren, gefolgt von zwei weiteren Fußpaaren, die zur Fortbewegung dienen. Mit den zwei dann folgenden Fußpaaren hält sich der Krebs am Schneckengehäuse fest. Mit dem Ende des Hinterleibs schließlich klammert er sich an der Schneckenspirale an.

Wie auch bei den Garneelen, schlüpfen bei den Einsiedlerkrebsen aus den Eiern zunächst Larven. Gekennzeichnet wird dieses Stadium durch einen Dorn vorne am Kopf und einen stielförmigen Körper.

Die Seeanemonen sind nicht die einzigen, die mit dem Krebs das Gehäuse teilen. Manchmal lebt auch ein Ringelwurm mit dem Krebs zusammen. Vielleicht säubert er das Innere des Gehäuses. Ganz sicher aber findet er sich immer dann ein, wenn es darum geht, eine Mahlzeit mit dem Krebs zu teilen. Manchmal setzt er sich dabei direkt neben die Mundöffnung des Krebses, wie man es auf der Abbildung unten sehen kann.

Die Meergrundeln und die Schleimfische

Die kleinen Fische, die sich bei Einsatz der Ebbe in den Wasserlachen felsiger Gebiete tummeln, sind Meergrundeln. In unseren Breiten werden sie kaum länger als zehn Zentimeter. Das kleinste aller Wirbeltiere ist die Philippinische Zwerggrundel; sie wird etwa 12 mm lang und lebt im Süßwasser. Im allgemeinen halten sich die Meergrundeln in Küstengebieten auf. Einige seltene Arten können auch bis in Tiefen von 180 Metern und mehr leben, andere wieder schwimmen sogar im offenen Meer. Dabei sind sie fast unsichtbar, denn ihr Körper ist durchsichtig. Die Meergrundeln legen ihre Eier unter Steine oder in leere Muschelschalen. Die Männchen bleiben in der Nähe, um ihr Revier zu verteidigen und das Gelege zu schützen. Die europäischen Meergrundeln leben hauptsächlich von kleinen Krebstieren und von Weichtieren, manchmal nehmen sie auch kleine Fische zu sich.

Die Schleimfische finden sich häufig in Küstengebieten. Wie die meisten Meergrundeln bevorzugen sie felsige Gebiete. Diese mehr oder weniger länglichen Fische haben eine sehr lange Rückenflosse, die eingekerbt ist. Die Zähne sind klein, sitzen sehr dicht aneinander und sind sehr scharf. Schleimfische sind ganz glatt, ihr Körper trägt keine Schuppen. Als Ausgleich ist der Körper mit einer dicken Schleimschicht bedeckt, darum heißen diese Fische auch Schleimfische. Die beiden Bauchflossen, die unter dem Halsansatz sitzen, sind bei den Meergrundeln miteinander verwachsen. Die Fische können sich damit auf glattem Untergrund festsaugen und abstützen. Viele Schleimfische haben Knötchen und Hautlappen auf dem Kopf.

Die meisten Grundeln und Schleimfische haben ein festes Revier, das sie gegen Artgenossen verteidigen. Von einem erhöhten Platz aus beobachten sie das Geschehen in ihrer Umgebung. Nähert sich ein Feind, verschwinden sie blitzschnell in einer Felsspalte oder einem Loch.

Meergrundel. Länge: 11,5 cm, Gewicht: 15 g.
Schleimfisch. Länge: 19 cm, Gewicht: 60 g.

Diese Meergrundeln bauen ein Nest mit Hilfe einer Muschelschale. Die Muschel muß mit der hohlen Seite auf dem Boden liegen, andernfalls dreht die männliche Meergrundel die Schale um. Dann zwängt sich das Männchen in das Innere der Schale und säubert sie, wobei die Aushöhlung im Boden unter der Muschel natürlich immer größer wird. Zum Schluß bedeckt es die Schale mit einer Schicht Sand. Sobald das Nest fertig ist, schlüpft ein Weibchen hinein und legt die Eier ab. Dann kommt das Männchen zum Befruchten der Eier und hält sich anschließend außerhalb der Schale auf, um das Gelege gegen alle Eindringlinge zu verteidigen.

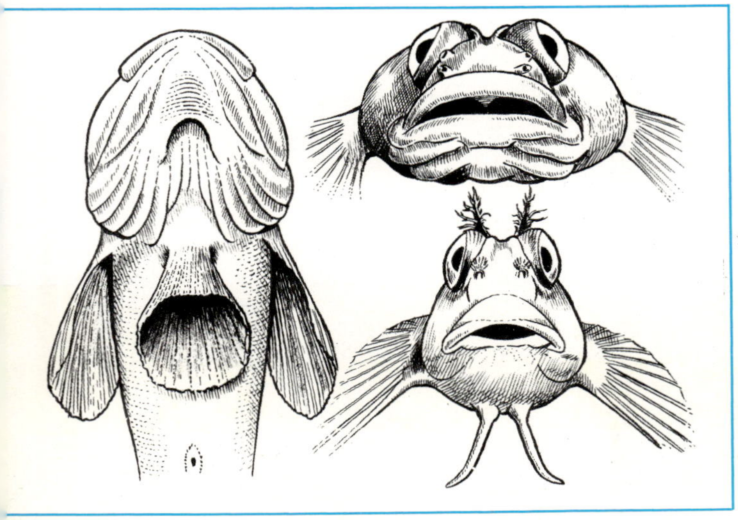

Der Kopf der Meergrundeln, der ein bißchen abgeflacht ist, trägt zahlreiche Sinneszellen. Die Schleimfische haben einen ovaleren Kopf. Bei beiden Fischen liegen die Augen sehr weit oben am Kopf. Bei den Meergrundeln bilden die Bauchflossen eine Saugscheibe (links), bei den Schleimfischen sind sie zu zwei Stützen zurückgebildet.

Die Buhottegrundel ist ein kleiner Fisch, der meistens in der Gezeitenzone lebt. Er hält sich gerne in niedrigem Wasser auf und wird in großer Zahl von den Krabbenfischern in ihren Netzen gefangen. Die Jungtiere bleiben im Plankton, bis sie etwa 12 mm lang sind. Dann leben sie auf dem Meeresgrund.

Die Paganellgrundel ist etwas dicker als die vorige Art. Wie bei den anderen Arten der Meergrundeln bilden auch hier die Bauchflossen eine Saugscheibe, an deren Wurzel eine dünne Haut liegt. Daraus ist ein Saugnapf gebildet, der zwar nicht sehr stark ist, aber immerhin das Tier festhalten kann, sei es auf einem Felsen, sei es in Pfützen und Lachen, die in felsigen Gebieten von der Flut zurückgelassen wurden.

Schutz den Küsten-gebieten!

Das Meer beherbergt eine ungeheure Menge an Lebewesen. Die Küstengebiete sind dabei bevorzugte Lebensräume, die auch der Mensch seit Urzeiten zum Nahrungserwerb nutzte. Das biologische Gleichgewicht der Küstengebiete jedoch ist sehr labil; das Leben der Meerestiere hängt – wie das der Landtiere – von einem Kreislauf ab, dem Nahrungskreislauf. Das erste Glied dieser Kette wird durch eine riesige Menge von einzelligen Algen gebildet, dem Phytoplankton. Das Phytoplankton ist in den oberen Lagen des Meeres konzentriert. Es nutzt die Sonnenstrahlen als Energiequelle (Photosynthese). Das Phytoplankton dient wieder dem Zooplankton als Nahrung. Das Zooplankton besteht aus kleinsten Tieren, deren Größe von 1/10 mm bis zu 10 mm variiert. Im Plankton entwickeln sich unter anderem die Larven der Weichtiere, Seeigel, Langusten, Garneelen und Fische. Das Plankton ist so reichlich vorhanden, daß es auch größere und weiter entwickelte Tiere als Nahrung aufnehmen. Jedes einzelne dieser Tiere wiederum bildet eine Reihe von Kettengliedern in dem großen Kreislauf. Das Leben aller Meerestiere hängt von der lückenlosen Aufeinanderfolge der einzelnen Kettenglieder ab. Fehlt auch nur eines dieser Glieder, dann wird das ganze Gleichgewicht zerstört. Wenn dies geschieht, ist meist der Mensch daran schuld.

Der Fortschritt in Wissenschaft und Technik hat es der Menschheit ermöglicht, die Schätze der Meeresküsten intensiv auszubeuten. So ist es zum Beispiel mit der Austernzucht, die man schon seit der Antike kennt. Heutige Versuche in zahlreichen Ländern bestehen darin, Meerestierarten (Krabben, Hummer, Seezungen, Goldbrassen, Seebarsche) in einer Umgebung zu züchten, in der die Tiere sich vermehren können, ohne von Feinden und Krankheiten bedroht zu werden. Auf der anderen Seite hat die wachsende Zahl von Menschen und die industrielle Entwicklung dazu beigetragen, daß viele Gefahren für das Leben an den Meeresküsten entstanden sind.

Der Kreislauf des Lebens.

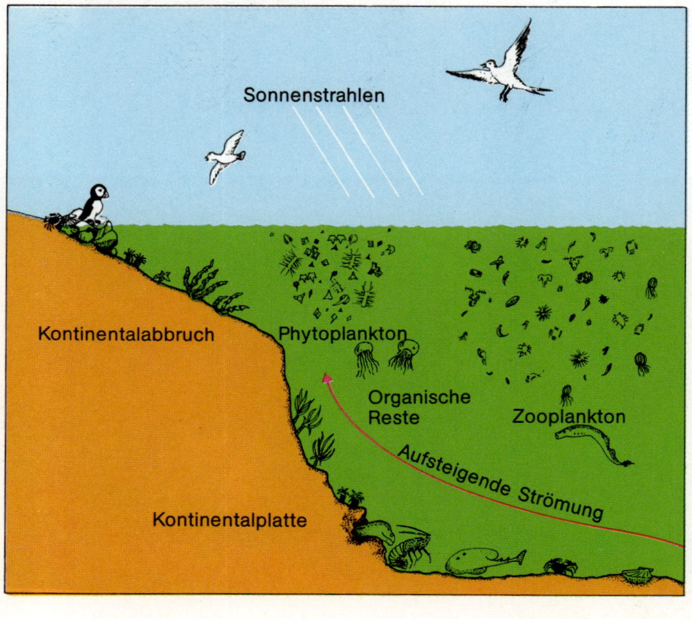

Ungeplante Verschmutzung

Der Küstenraum wird mehr und mehr dazu benutzt, um Industrien aufzubauen; Entsalzungssümpfe, Salzfabriken, Atomkraftwerke, große Ölhäfen etc...: Unfälle von Öltankern haben spürbare und gefährliche Konsequenzen. Über all diesem darf man aber nicht die heimtückische, weil unsichtbare Verschmutzung vergessen, die zur Verwüstung der Küstengebiete führt und für den Menschen gefährliche Vergiftungen bringen kann.

So ist zum Beispiel die chemische Verschmutzung ungeheuer schädlich. Neue Untersuchungen haben ergeben, daß 10 000 Tonnen Blei jährlich allein über die Luft in die Ozeane gelangen. Die Quecksilbermenge, die jährlich in die Meere kommt, schätzt man auf 12 000 Tonnen! Das D.D.T., ein wirkungsvolles Insektenvertilgungsmittel, fand man in großen Mengen im Meer, und es erwies sich als sehr schädlich. 1 mg D.D.T. pro Liter genügt, um das Wachstum des Phytoplanktons, die Ernährungsgrundlage der Meerestiere, zu stören. Hinzu kommen noch alle Industrieabfälle, die die Flüsse in die Meere leiten. Es geht heute nicht mehr um die Verschmutzung der Küstengebiete allein, die Verschmutzung ist bereits bis aufs offene Meer und bis in große Tiefen vorgedrungen.

Auch die allsommerliche Gegenwart großer Menschenmengen an den Stränden hat sofort schädliche Auswirkungen. Die Sommergäste treiben häufig, ohne sich dessen bewußt zu sein, Raubbau mit der Umwelt. Sie reißen Pflanzen aus, um ein Zelt aufzustellen, oder sie verlagern Steine, um einen freien Platz zu schaffen. Die Pflanzen aber spielen eine wichtige Rolle bei der Bildung und Befestigung von Boden, und die Steine bieten an ihrer Unterseite häufig mehreren Lebensformen Schutz, die, so klein sie auch sein mögen, erhalten werden müssen. Denn sie spielen eine wichtige Rolle in der Ökologie der Küstengebiete. Die Summe solch kleiner Missetaten schließlich hat schwerwiegende Folgen. Das biologische Gleichgewicht ist in Gefahr. Man muß auf seine Erhaltung achten, und jeder von uns muß seinen Teil an der Verantwortung mittragen und nachdenken, bevor er handelt.

Imprimé en France par BRODARD GRAPHIQUE – Coulommiers-Paris. HH/6980/2